Das Buch zur Fernsehserie

Landgasthäuser

Landgasthäuser

Franken

Küche
Brauchtum
Gastlichkeit

Werner Teufl
Otto Walser

BAYERISCHES FERNSEHEN BR

TRV

Das Buch „Landgasthäuser – Franken“ entstand auf der Grundlage der Dokumentation in 10 Teilen von Werner Teufl für das Bayerische Fernsehen. Redaktion im Bayerischen Rundfunk: Thomas Jansing/Thomas Kania (Unterhaltung Fernsehen).

Bibliografische Information der Deutschen Bibliothek
Die Deutsche Bibliothek verzeichnet diese Publikation in der Deutschen Nationalbibliografie; detaillierte bibliografische Daten sind im Internet über http://dnb.ddb.de abrufbar

Lektorat: Markus Ambrosch/Gabriele Rieth-Winterherbst
Satz: Ursula Hilbert
Layout: Johannes Kressirer, München
Cover (Konzeption): Jürgen Endriß, München
Gesamtherstellung: Firmengruppe Appl, aprinta druck GmbH & Co. KG, Wemding

ISBN 3-8058-3725-9

Inhalt

Fränkischer Rechen

Drei silberne Zacken auf rotem Grund bilden das Wappen des Frankenlands. Seit dem 15. Jahrhundert wird es „Fränkischer Rechen" genannt. Die Zacken symbolisieren die Dreieinigkeit Gottes. Silber oder Weiß ist die Farbe des ungeteilten und damit göttlichen Lichts. Rot drückt die göttliche und menschliche Liebe aus. Der Fränkische Rechen ist bereits auf dem Grabmal des 1333 verstorbenen Würzburger Bischofs Wolfram abgebildet.

Man muss Gott für alles danken …

Schon lange gilt Franken als ein Geheimtipp unter allen Naturliebhabern und Genießern. Seit geraumer Zeit entwickelt sich die Gegend jedoch zu einem Magneten für Reiselustige jeder Art – egal, ob sie Erholung suchen oder sich für Kulturgeschichte interessieren, ob sie fürstlich zu speisen wünschen oder sich sportlich verausgaben wollen. In der Fernsehreihe „Landgasthäuser Franken“ habe ich versucht, alles einzufangen, was diese Region im Norden Bayerns so reizvoll macht. Und das ist wahrlich mehr als Wein, Kirchweihfeste und Bratwürste.

Auf der Reise durch die einzelnen Landstriche Frankens werden nicht nur alte Bräuche, sondern auch lebendige Anekdoten aus der Schatzkiste der fränkischen Geschichte erklärt. Das barocke Ansbach ist ebenso interessant wie das Museum des ersten Motorflugzeug-Piloten der Welt, der mysteriöse Mord an Kaspar Hauser, die wild-romantische Fingalshöhle oder moderne Bieraktien in Kulmbach.

Auf einer solchen Reise darf natürlich die Verpflegung nicht zu kurz kommen. Daher enthält das Buch die Adressen der schönsten Landgasthäuser mitsamt einer Kurzbeschreibung. Wer sich die Spezialitäten auch auf den heimischen Tisch zaubern will, der findet in jedem Kapitel ein Original-Rezept aus den Küchen der Landgasthäuser.

Für alle, die ihrem Erlebnisgeist vor Ort freien Lauf lassen wollen, stellt das Buch wichtige Informationen bereit. In einem Veranstaltungskalender erhalten Sie eine Zusammenstellung der jeweiligen Sehenswürdigkeiten und Feste sowie ihrer Termine. Einen raschen geographischen Überblick bieten Ihnen die Übersichtskarten zu jedem Kapitel, in denen auch die Gasthäuser und Veranstaltungen durch Symbole markiert sind. Außerdem wird in zahlreichen Infokästen interessantes Hintergrundwissen angeboten.

Ich hoffe, dass Ihnen die folgenden Seiten einen unterhaltsamen Einblick in das Brauchtum und die Gastlichkeit Frankens geben, denn eines steht fest: dem Charme dieser Region kann man sich nur schwer entziehen.

Guten Appetit und gute Unterhaltung wünscht Ihnen

Ihr

W. Teufl

Werner Teufl

Fränkisches Weinland

Werfen wir einen Blick auf die Landkarte: Zwischen Schweinfurt und Aschaffenburg liegen ungefähr 80 Kilometer Luftlinie. Doch was macht der Main zwischen diesen beiden Städten? Er trödelt, wie ein Fluss nur trödeln kann und gönnt sich die dreifache Strecke: erst nach Süden, dann nach Norden und dann das Ganze noch einmal. Man könnte glauben, der Bursche wollte ein „W“ wie „Wein“ in die Landschaft schreiben, oder auch ein „M“ wie „Main“. Mainfranken oder Weinfranken – wie auch immer: hier verbindet sich die Natur mit Kunst und Genuss zu einer der schönsten Landschaften Deutschlands. Rund um die prunkvolle Residenzstadt Würzburg liegen mittelalterliche Städtchen und idyllische Weindörfer. Sie alle sind einen Besuch wert, bei dem nicht nur die Romantik, sondern auch die Gastlichkeit dieser Orte unter Beweis gestellt wird. Folgen Sie uns auf eine kulinarische Entdeckungsreise.

Sommer- und Winterhausen

Beginnen wir unseren Spaziergang in Sommerhausen, ein paar Kilometer südöstlich von Würzburg. Eine mittelalterliche Wehrmauer schließt das Städtchen ein, bewacht von malerischen Tortürmen. Autos sind weitgehend aus den Gassen verbannt. Beim Anblick der Muschelkalk- und Fachwerkhäuser, der Kirche, des Rathauses und des Schlosses glaubt man sich deshalb um ein paar Jahrhunderte zurückversetzt. Und ringsum reichen die Weinberge bis an die Mauern der Stadt.

Ehe wir uns in Sommerhausen einnisten, muss eine Frage geklärt werden: Am anderen Flussufer, durch die Flussbrücke verbunden, liegt Winterhausen. Wohnten die Bürger im Winter links und im Sommer rechts des Mains? Die Antwort ist einfacher: Die Pfarrkirche von Sommerhausen ist dem Heiligen Bartholomäus geweiht, der im Sommer Namenstag hat. Die Winterhausener Kirche dagegen gehört dem Heiligen Nikolaus, den man bekanntermaßen am 6. Dezember feiert.

Es gibt noch mehrere solcher Histörchen. Die Grafen von Rechteren-Limpurg, die das Sommerhausener Schloss erbauten, versahen am mittelalterlichen Kaiserhof das Amt des Mundschenken. Das spricht dafür, dass man in Sommerhausen schon früh etwas vom Wein verstand. Nicht allein der Wein und die idyllische Lage, sondern das „italienische Licht" lockte vor dem 2. Weltkrieg Maler und Bildhauer in den Ort, die hier eine Künstlerkolonie bildeten.

Das setzte sich nach dem Krieg fort, als der Maler und Bühnenbildner Luigi Malipiero den Sommerhausener Torturm bezog. Sein Torturmtheater, später vom Schauspieler und Maler Veit Relin weitergeführt, hat ganze 50 Sitzplätze und ist doch in ganz Deutschland bekannt.

So gehen Kunst und Wein in dieser kleinen Marktgemeinde eine innige Verbindung ein. Es gibt eine Reihe guter Galerien. Im Sommer wird im Schlosshof Kabarett gespielt. Und selbst die Winzer zeigen eine ausgesprochen musische Ader. Im Hof des Weinguts von Artur Steinmann lesen Schriftsteller, erklingen Chansons, Jazz und klassische Konzerte.

In Sommerhausen

Mundschenk

Der Mundschenk zählte mit dem Marschall (Stallmeister), Kämmerer (Schatzmeister) und dem Truchsess (Vorsteher der Hofverwaltung) zu den vier wichtigsten Personen am Kaiserhof. Das Amt wurde von den höchsten Reichsfürsten ausgeübt und war zumeist erblich.

Der Mundschenk kümmerte sich um Weinberge und -keller des Kaisers oder anderer hoher Fürsten. Eine ähnliche Stellung hat der Cellerar in Klöstern. In Frankreich sagte man Bouteiller-Échanson zum Mundschenk, in England hieß er Butler.

Auch das Haus der Familie Steinmann hat eine interessante Geschichte. Hier wurde Franz Daniel Pastorius geboren. Er war der erste deutsche Siedler in Amerika und gründete 1683 Germantown bei Philadelphia. Als frommer Christ wetterte er dort gegen die Sklaverei. Über die Indianer schrieb er in einem Brief an seine Eltern: „Es sind gutherzige und redliche Leute, die dermaleinst beim großen Gerichtstag auftreten werden, die falschen Maul-Christen zu beschämen."

Versteht sich, dass in Sommerhausen alteingesessene Wirtshäuser ihre Gäste verwöhnen. Zu ihnen zählt das Weinhaus Düll in der Maingasse, das seit 1828 in Familienbesitz ist. Hans Düll, der Chef des Hauses, serviert nicht nur Wildspezialitäten und Ente oder Lamm von heimischen Bauern. Das Hobby des Wirts sind Wildkräuter und Wildfrüchte, die er selber sammelt. Seine Kräuterstrudel und Desserts machen das Hotel und Restaurant deshalb auch zu einem Geheimtipp für Vegetarier.

Ökumene der Feste

Nicht minder romantisch als Sommerhausen ist der Markt Randersacker, schon vor den Toren Würzburgs gelegen. Und nicht minder festesfreudig. Das hat womöglich seinen historischen Grund. Vom 16. bis ins 18. Jahrhundert war der Ort konfessionell zweigeteilt: die eine Hälfte katholisch, die andere evangelisch. Man lebte nach zwei Kalendern und feierte im Abstand von zehn Tagen auch jedes Fest zweimal: Katholiken und Protestanten jeweils fröhlich vereint – ein schönes Beispiel früher ökumenischer Zusammenarbeit. Später erwies sich das Trennende noch einmal als nützlich. Als 1803 der letzte Würzburger Fürstbischof das Theaterspiel verbot, wich man von der Residenzstadt in die protestantische Enklave aus.

Fischergilden

Gilden waren ursprünglich religiöse Bruderschaften, jedoch wurden im Mittelalter bald Gilden und Handwerkszünfte gleichgesetzt. Sie unterstützten einander und stellten Regeln auf, die Qualität sichern, das Zusammenleben ordnen und das Monopol erhalten sollten.

Die in der Fischerzunft Würzburg zusammengeschlossenen Mainfischer werden 1279 erstmals urkundlich erwähnt. 1337 kaufte die Zunft dem Fürstbischof den Fischzoll – die Fischereiberechtigung – ab und wurde damit Lehensträger. Durch selbst gesetzte Hegevorschriften sicherte die Zunft den Fischbestand. Die Würzburger Fischerzunft gibt es heute noch.

Größtes Ereignis in Randersacker ist das „Fleckenfest" am letzten Juli-Wochenende. „Flecken" ist der alte Name für den Marktplatz. 17 Winzer schenken hier drei Tage lang ihre Weine aus, die zu Recht berühmt sind. Auf den nach Südwesten ausgerichteten Steilhängen mit Muschelkalkböden wachsen rassige Tropfen, deren Lagen Kenner ehrfürchtig murmeln. „Ewigleben" heißt eine und „Teufelskeller" die andere. Schon im Jahr 779 wird hier ein *wingarton* (= Weingarten) erwähnt. Auch die erste fränkische Weinbauschule wurde 1874 in Randersacker gegründet.

Die Bürger von Randersacker waren aber nicht nur Winzer. Sie stellten die zweitgrößte Fischergilde am Main und mehrten ihren Wohlstand durch Muschelkalk-Steinbrüche. Aus solch unverwüstlichen Quadern wurde der 350 Jahre alte Gasthof zum Bären errichtet, in dem feine Fischgerichte zur kulinarischen Tradition gehören. In den gediegenen Gaststuben oder im sonnendurchwärmten Innenhof werden aber heute nicht nur Mainfische serviert. Gerne holt man sich auch die edlen Forellen und Saiblinge aus der Rhön oder dem nahen Steigerwald und kombiniert sie in der Saison mit frischem fränkischen Spargel.

Wehrhaftes Karlstadt …

Städtische Schachromantik

Etwas anders als diese Städtchen mit ihren krummen Gassen sieht Karlstadt, flussabwärts von Würzburg gelegen, aus. Rechtwinklige Straßen rastern die Stadt wie ein Schachbrett, mit einem Marktplatz und einem Kirchplatz als Mittelpunkt. Tatsächlich wurde Karlstadt auf einem Reißbrett an der Wende des 12. zum 13. Jahrhundert entworfen. Der staufische Kanzler und Würzburger Fürstbischof Konrad von Querfurt ließ die Stadt als Bollwerk am nördlichen Rand seines Herrschaftsbereiches errichten: rund 350 Meter im Quadrat, das Ganze durch eine Ringmauer mit vier Toren gesichert.

Karlstadt ist ein lebendiger Ort und kein Freilichtmuseum. Dennoch unternimmt man hier einen Spaziergang ins Mittelalter. Durch das Quartier der Schuster, Gerber und Färber gelangt man zum Rathaus, unter dessen Freitreppe sich das „Narrenhäusle“ verbirgt, das Arrestlokal für gröhlende Zecher. Hier am Marktplatz liegt auch die fürstbischöfliche Amtskellerei, in der die Abgaben der zinspflichtigen Untertanen eingesammelt wurden. In der „Hohen Kemenate“ saß der Stadtkommandant, nahe Mainbrücke und Haupttor, falls der Feind anrückte.

Dann gab der Stadttürmer Signal, der im Dachstübchen des Torturms wohnte. Im Volksmund heißt das Gebäude übrigens „Katzenturm“ – und zwar aus folgendem Grund: Der Türmer musste sein Brennholz an einem Seil hochziehen und stürzte eines Tages kopfüber hinab. Er fiel in einen Haufen Reisig und kam – wie eine Katze – unbeschadet davon.

Nicht weit von Katzenturm und Kemenate steht in der historischen Altstadt der Gasthof Alte Brauerei, ein ebenso stattlicher wie malerischer Fachwerkbau. Der Wirt Dierk Fischer kocht traditionsverbunden. Sein fränkisches Hochzeitsessen sieht zum Beispiel so aus: eine Leberklößchensuppe mit Wurzelgemüse, gefolgt von einem Tafelspitz mit Meerrettichsoße und Butternudeln, zum Schluss karamellisierte Apfelküchle auf Weincreme.

Wer die Mainschleife östlich von Würzburg erkunden will, besteigt am besten in Volkach den Ausflugsdampfer Undine. Das Schiff schiebt sich gemächlich ein Stück flussaufwärts Richtung Schweinfurt und gibt mit jedem Meter einen neuen Blick auf Weinberge, Obstgärten und Gemüsefelder frei.

Rund um Volkach erstrecken sich die bekanntesten Weinlagen Frankens. Die Stadt selbst hat ihren „Ratsherrn“, die Nachbardörfer Nordheim und

… und verträumtes Karlstadt

Escherndorf kultivieren ihre Weingebiete „Vögelein" und „Lump". Selbst aus solchen „Großlagen" kommt keine Massenware. Wie denn auch? In ganz Franken werden 6000 Hektar Rebfläche von etwa 7000 Winzern bewirtschaftet. Neben den berühmten bürgerlichen und adeligen Weingütern sind es vor allem kleine Familienbetriebe, die hier arbeiten.

Winzer Horst Sauer

Kleine fränkische Weinkunde

Obwohl sie also nur Zwerge im europäischen Vergleich sind, spielen Frankens Winzer – besonders mit ihren klassischen Rebsorten Silvaner und Riesling – in der Champions League. Der Escherndorfer Winzer Horst Sauer wurde bei der „International Wine Challenge" in London zum besten Weißwein-Winzer der Welt gewählt. Über das Geheimnis solcher Erfolge gibt Sauer freimütig Auskunft. Jeder Wein müsse seine Geschichte erzählen können. Wetter, Boden, Lage, Erntezeit – alles soll sich in seinen Geschmacksnuancen widerspiegeln. Verständlich, dass sich bei einer solchen Philosophie jede Weinkosmetik verbietet.

Auch für Weinkenner überraschend ist die Vielfalt der fränkischen Rebsorten. Konservative werden zwar nach wie vor auf Silvaner und Riesling schwören. Bei einem Seitensprung entfleucht ihnen aber dann doch ein anerkennendes „Gar nicht so schlecht!"

Der Silvaner ist zweifellos der Bodenständigste in der Brüderschar. Den erdigen Mineralton der Muschelkalkböden bringt er am besten ins Glas. Der Begabteste wird wohl doch der Riesling sein: Rasse, Eleganz, belebende Säure und im Abgang ein Hauch von Pfirsich. Leider ist die Sorte auch anspruchsvoll, will sonnige Lagen und reift erst spät. Nur drei Prozent der fränkischen Weingärten sind deshalb mit Riesling bestockt.

Pflegeleicht gibt sich dagegen der Müller-Thurgau, er trägt gut und reift früh – rund die Hälfte der

Gasthof Alte Brauerei 3
Hauptstraße 58
97753 Karlstadt
Tel.: 09353–97710
www.altebrauerei-karlstadt.de

Fachwerkbau in der historischen Altstadt. Individuell eingerichtete Zimmer. Gehobene Küche mit regionalen Spezialitäten.

Zehnthof Weinstuben 4
Hauptstraße 2
97334 Nordheim am Main
Tel.: 09381–1702

In den uralten Gewölben oder im Innenhof Saisongerichte zum Wein: Karpfen im Herbst und Winter, Spargel im Frühjahr oder Pfifferlinge im Sommer.

Schwab's Landgasthof 5
Bamberger Straße 4
97359 Schwarzach am Main
Tel.: 09324–1251
www.landgasthof-schwab.de

Fränkische Schmankerl wie Bauernenten, Spargel und Fisch haben den Gasthof weit über die Region hinaus bekannt gemacht.

★ Musischer Markt

Kaum eine Gemeinde ist so musisch wie Sommerhausen mit seinen 1700 Einwohnern. Mit Veit Relins Torturmtheater und dem „Theater Sommerhaus" hat der Markt zwei regelmäßige und angesehene Spielstätten.

Dazu kommen Hofkonzerte im „Pastoriushaus" des Weinguts Steinmann Anfang Juli, ein Kabarett- und Musik-Festival Ende Juli im Schlossgarten und ein Theater-Festival im November. Ganz zu schweigen von den 13 Galerien und zahlreichen Läden mit hochwertigem Schmuck, Kunstgewerbe und Antiquitäten.

Informationen:
Verkehrsbüro, Hauptstraße 15,
97286 Sommerhausen, Tel.: 09333–8256,
www.sommerhausen.de

★ Winzerfeste

Natürlich hält jede Weinbaugemeinde ihr Winzerfest für das schönste und wichtigste. Deshalb ist unsere Auswahl subjektiv.

Das „Fleckenfest" in Randersacker erinnert an die Verleihung des Marktrechts im 15. Jahrhundert. Drei Tage wird am letzten Juliwochenende im historischen Ortskern („Am Flecken") gefeiert.

Das Städtchen Volkach rühmt sich, Mitte August „Frankens größtes Weinfest" zu begehen. Fünf Tage lang kann man hier auf dem idyllischen Festplatz zwischen Stadtmauer und Main die Weine der Winzer aus Volkach und Umgebung kosten.

Das Einholen der „Letzten Fuhre" (Trauben) wird im Oktober in Iphofen mit Festzug und anschließendem Umtrunk gefeiert. Zu Bratwürsten kann man dabei schon den „Bremser" kosten, wie in Franken der halbvergorene „Federweiße" heißt.

Alle Winzerfeste findet man im Veranstaltungskalender auf der Website www.fraenkisches-weinland.de.

★ Kirchenburgmuseum Mönchsondheim

Kirchenburgen sind typisch für Franken. Die Dörfer hatten nicht das Geld, den ganzen Ort mit Wehrmauern zu umgeben. So wurde der ummauerte Kirchhof zur Zufluchtsstätte. An die Mauern lehnten sich innen Scheunen und Wirtschaftsgebäude, so genannte Gaden.

Das Kirchenburgmuseum Mönchsondheim ist also kein zusammengetragenes Freilichtmuseum, sondern ein gewachsenes Ensemble. In den Gaden gibt es 17 Werkstätten, zum Museum gehören auch das Rathaus, ein Gasthof und eine alte Schule.

Geöffnet von Mitte März bis zum 1. Advent.

Adresse und Info:
Kirchenburgmuseum,
97346 Iphofen-Mönchsondheim, Tel.: 09326–1224,
www.kirchenburgmuseum.de.

fränkischen Weinberge ist mit Müller-Thurgau bepflanzt. Unter Weinbeißern gilt er als „etwas langweilig". Doch da täuscht man sich oft gewaltig. Sauber ausgebaut und frisch getrunken überrascht er durch eine feine Säure, die sich mit dem Muskat-Oberton spannend auseinander setzt.

Aufsteiger in der fränkischen Weinfamilie ist die weiße Bacchus-Rebe. Sie bevorzugt tiefgründige, nährstoffreiche Böden, gedeiht dafür aber auch in Lagen, in denen Riesling oder Silvaner nicht ausreifen. Je später man sie erntet, desto voller ist ihr Bukett. Fränkische Köche verwenden diese Weinsorte gerne für fruchtige Dessert-Cremes.

Den Entdeckerfreuden bei fränkischen Weißweinen sind damit noch lange keine Grenzen gesetzt. Forschen Sie nach einem Rieslaner oder nach einem Kerner. Lassen Sie sich von einem Weiß- oder Grauburgunder erobern. Und probieren Sie zu Süßem oder zum Käse einen Traminer oder eine Scheurebe, am besten als Spätlese oder als Auslese.

Auch Rotweinfreunde kommen in Franken auf ihre Kosten. Der Spätburgunder, oder „Pinot noir", wird hier schon seit über 200 Jahren angebaut. Er stellt mit Abstand die meisten Ansprüche an Lage und Pflege. „Samtig, feurig, vollmundig, mit einem Aroma von Brombeeren und Bittermandel", so beschreiben die Sommeliers diesen König der Rotweine. Doch haben ihm die findigen Weinzüchter inzwischen eine „Domina" an die Seite gesetzt – eine Kreuzung aus Spätburgunder und Portugieser. Dieser tiefrote Tropfen besticht durch Tiefgang und eine kräftige Struktur – und ist bisher fast nur in Franken zu finden.

Sonnige Weinberge in Franken

Fränkischer Wein und seine Geschichte

Die Geschichte des fränkischen Weinbaus beginnt mit der Christianisierung durch die irischen Mönche. Wanderbischof Kilian, der Patron Frankens, wurde im Jahr 689 mit seinen beiden Gefährten bei Würzburg schmählich ermordet. Doch der Siegeszug des neuen Glaubens und des Weins war nicht aufzuhalten. Von Kilian und seinen Gefährten wird berichtet, dass sie den nötigen Wein für die „Wandlung" von Brot und Wein in Fleisch und Blut Jesu Christi während der Heiligen Messe in Schläuchen mit sich führten.

Schon allein, um sich den mühseligen und teuren Import zu sparen, förderten Kirche und Klöster den Weinbau. Ältere Wurzeln, die bis in die Zeit der Kelten und Römer zurückreichen, werden zwar vermutet, sind aber unbewiesen. Schließlich gehörte Mainfranken nicht zum römischen Herrschaftsbereich. Seine Blüte erlebte der Weinbau im 16. Jahrhundert. Ein Mehrfaches der heutigen Rebflächen wurde in dieser Zeit kultiviert. Man nimmt an, dass damals bis zu fünf Liter Wein pro Kopf und Tag getrunken wurden. Allerdings enthielt der Rebsaft wesentlich weniger Alkohol als heute.

Natürlich sicherte sich die Geistlichkeit die besten Lagen. Manchmal tauschte man auch. So erwarb um 1280 die Abtei Münsterschwarzach vom Würzburger Fürstbischof das Zehent-Recht über das Weindorf Nordheim. Der „Zehent" war nicht unbedingt der zehnte Teil, aber doch ein stattliches Quantum, das die Winzer abzuliefern hatten. Die Mönche bauten im 17. Jahrhundert den „Zehnthof", einen riesigen Weinkeller, in dessen Gewölben heute die Tropfen der Winzergenossenschaft Nordheim ausgeschenkt werden.

Gasthaus Zur Sonne 6
Marktplatz 11
97509 Zeilitzheim
Tel.: 09381–9389
www.sonnenbistro.de

Trotz der modischen Internetadresse ein gediegener Speisegasthof. Freitags Fischspezialitäten, Samstagabend Candle-Light-Dinner.

Zur Iphöfer Kammer 7
Marktplatz 24
97346 Iphofen
Tel.: 09323–804 326

Winziges Restaurant in historischem Haus mit kreativer Gourmetküche. Deshalb unbedingt anmelden!

Fast alle mainfränkischen Städtchen haben noch eine vollständig erhaltene Stadtmauer.

Zum fruchtigen Schoppen genießt man hier einfache, aber köstliche fränkische Spezialitäten. Eine davon ist der „Gerupfte", ein mit Zwiebeln, Gewürzen und etwas Wein pikant angemachter Camembert. Im Mai und im Juni schmeckt aber nichts besser zu den Weißweinen des Maintals als frischer fränkischer Spargel. Im Nordheimer Zehnthof wird er knackig gekocht und dann mit Schinkenstreifen und Käse überbacken.

Klöster und Küchen

Münsterschwarzach, um das Jahr 800 gegründet, ist eines der ältesten und bedeutendsten Klöster im deutschsprachigen Raum. Nach der Säkularisation (1803) erlosch hier das klösterliche Leben und die Gebäude verfielen. Erst 1913 wurde das Kloster durch die Missionsbenediktiner wiederbegründet. Heute leben hier 300 Mönche, mit ihnen die Schüler des Gymnasiums und die Lehrlinge der Werkstätten. Man kann sich beim Besuch dieser Gottesburg gut vorstellen, welche kulturelle und wirtschaftliche Pionierleistung die frühen Mönche für Franken vollbracht haben.

Der Markt Schwarzach, der vor den Klostermauern wuchs, beherbergt heute eines der besten Gasthäuser an der Mainschleife. „Hier wird fränkisch gekocht" steht selbstbewusst an der Fassade von Schwab's Landgasthof. Der Urenkel des Gründers, Joachim Schwab, weiß meisterlich mit den Gaben der Natur umzugehen. Einen Rehrücken aus dem nahen Steigerwald kombiniert er mit rahmigen Petersilienwurzeln. Als Nachtisch gibt es in Pfannkuchenteig herausgebackene Holunderblüten mit einer Creme, aufgeschlagen aus Eigelb, Zucker und einer edlen Spätlese.

Eines kulinarischen Ausflugs wert ist auch das Gasthaus Zur Sonne am Barockschloss Zeilitzheim. Küchenchef Hans Behr liebt Fische aus dem Volkachgrund ebenso sehr wie Wild aus dem Steigerwald: eine Hasenkeule auf Wein-Sauerkraut zum Beispiel.

„Klein aber fein" ist das Motto von Jürgen Simon in Iphofen. In seinem historischen Haus Zur Iphöfer

Tilman Riemenschneider

Der größte mainfränkische Bildschnitzer wurde 1460 in Thüringen geboren und nach seinen Lehrjahren 1483 als „Malerknecht" in die Würzburger Sankt-Lukas-Gilde aufgenommen. Zwei Jahre später heiratete er eine Goldschmiedswitwe und erwarb damit die Möglichkeit, Meister zu werden.

Als gesuchter Künstler mit großer Werkstatt wurde Riemenschneider berühmt, reich und 1520 Würzburger Bürgermeister. Die Unterstützung aufständischer Bauern brachte ihm Folter und Kerkerhaft ein. Riemenschneider starb 1531, sein Sohn Jörg übernahm die Werkstatt.

Kammer haben nicht mehr als 25 Gäste Platz. Die aber werden mit Hingabe bekocht. Auf der Menükarte stehen etwa ein Rahmsüppchen vom Aischgründer Karpfenschinken, ein Kalbstafelspitz mit Bärlauchrahm und ein Sorbet von Birne und Damaszenerrose.

Die Stadt Iphofen am Fuße des Schwanbergs ist von über 20 Weingütern umgeben. Die Winzer nutzen den historischen Marktplatz im Sommer gerne zu Festen. Doch sollte man es dabei nicht belassen. Das Renaissance-Rathaus, die gotische St.Veits-Kirche und der Henkersturm an der Wehrmauer lohnen einen Stadtspaziergang. Man könnte ihn in der Werkstatt und Galerie von Ingrid und Walter Grötsch am Marktplatz beenden. Hier werden alte Bücher restauriert und schöne Bilder gerahmt – die Fortführung selten gewordener Handwerkstradition.

Wer auf den Geschmack gekommen ist, sollte das Kirchenburgmuseum Mönchsondheim vor den Toren Iphofens besuchen. Es ist kein herkömmliches Freilandmuseum, in dem historische Häuser zusammengetragen wurden, sondern einfach ein altes fränkisches Dorf, dessen Häuser sich Schutz suchend um die Kirche scharen. Ein Schulmuseum im originalen Schulhaus gibt es ebenso zu sehen wie ein Handwerkermuseum in den einstmaligen Werkstätten.

Mainfranken kann mit vielen Juwelen prunken: Residenzen und Kirchen, Winzer- und Musikfeste, vollendete Kunst von Tilman Riemenschneider bis Balthasar Neumann. Doch das Herz dieser Landschaft hört man eher in solchen kleinen Dörfern und Städtchen schlagen – an einem warmen Sommerabend, bei einem Glas Wein.

Balthasar Neumann

Balthasar Neumann wurde 1687 in Eger geboren und trat 1711 in die Artillerie des Würzburger Fürstbischofs ein. Er strebte damit keine militärische Karriere, sondern eine Ausbildung zum Architekten an. Sein Förderer Johann Philipp von Schönborn schickte ihn zum Studium nach Italien, Frankreich und in die Niederlande. Zurückgekehrt wurde Neumann zu einem der bedeutendsten Baumeister seiner Zeit.

Seine schönsten Bauten im fränkischen Raum sind die Würzburger Residenz und die Wallfahrtskirchen Vierzehnheiligen und Gößweinstein. Gerühmt wird besonders seine Gestaltung des Innenraums, wie beim berühmten Treppenhaus von Würzburg. Balthasar Neumann starb 1753 im Rang eines Obristen.

Weingüter am Schwanberg bei Iphofen

Hollerküchle auf Weinschaumsoße

4 Personen

Hollerküchle:

- 8 Holunderblüten (Hollerblüten)
- 250 g Mehl
- 2 Eier
- 250 ml Milch
- 1 Prise Salz
- 2 TL Zucker
- genügend Fett zum Ausbacken
- Zimt und Zucker zum Bestreuen

Weinschaumsoße:

- 4 Eigelb
- 2 EL Zucker
- 250 ml lieblicher Weißwein (z.B. Spätlese)

Garnitur:

- 8 frische Erdbeeren, halbiert

Hollerküchle:
Holunderblüten waschen und auf einem Tuch zum Trocknen ausbreiten.

Mehl mit Eiern, Milch, Salz und Zucker zu einem Teig gut verquirlen und ca. 1/2 Stunde stehen lassen.

Die Holunderblüten im Backteig wenden und schwimmend in heißem Fett goldbraun ausbacken.

Weinschaumsoße:
Alle Zutaten in eine Schüssel geben und über leicht kochendem Wasser mit einem großen Schneebesen so lange schlagen, bis sich ein gleichmäßiger, fester Schaum gebildet hat.

Anrichten:
Die Hollerküchle je nach Gusto mit Puderzucker, Zucker oder Zimt bestreuen. Auf der Weinschaumsoße zusammen mit je vier halben Erdbeeren anrichten.

Hollerküchle sind ein köstlicher Nachtisch, passen aber ebenso gut als Gebäck zum Kaffee.

Rezept:
Schwab's Landgasthof, Schwarzach

Steigerwald

„Das Herz Frankens" nennt sich die Ferienregion Steigerwald – nicht zu Unrecht. Diese älteste und waldreichste Kulturlandschaft Frankens verbindet als grüne Lunge die Städte Würzburg, Schweinfurt, Bamberg und die Stadtregion Nürnberg-Erlangen. Fast die Hälfte des Steigerwalds mit seinen Mischwäldern, Bächen und Teichen steht unter Landschaftsschutz. Der Main im Westen und Norden, die Regnitz im Osten und die Aisch im Süden rahmen dieses Erholungsgebiet ein, das bis heute frei von Industrie blieb und seine historischen Dörfer und Städtchen erhalten konnte. Wanderer und Radfahrer finden ein gut ausgeschildertes Wegenetz von 1300 Kilometern. Genussreich ist ein Auto-Bummel über die Steigerwald-Höhenstraße. Fränkisches Brauchtum ist hier noch besonders lebendig. Auch kulinarisch hat der Steigerwald viel zu bieten: vorzügliche Weine, Bier aus kleinen Brauereien, Karpfen aus dem Aischgrund und natürlich Wildspezialitäten.

Die Kerwa is kumma

Ob Würzburger, Schweinfurter, Bamberger oder Nürnberger – die Stadtbewohner rund um den Steigerwald betrachten die abwechslungsreiche Landschaft als „ihr“ Naherholungsgebiet. Das hat historische Gründe: Jahrhundertelang teilten sich den Steigerwald viele geistliche und weltliche Herrschaften – die Würzburger Fürstbischöfe im Westen, die Bamberger Bischöfe und die Mönche des Zisterzienserklosters Ebrach im Norden. Im Süden besaßen die Markgrafen von Ansbach und das Fürstentum Schwarzenberg große Ländereien.

Gerade das aber führte dazu, dass im Steigerwald Tradition und Brauchtum heute noch besonders hochgehalten werden. Blaskapellen und Gesangsvereine, Trachtengruppen und Gartenbauvereine sorgen das ganze Jahr über für einen bunten Veranstaltungsreigen – nicht als Touristenattraktion, sondern als Ausdruck einer intakten Dorfgemeinschaft.

Der Steigerwald ist deshalb neben der Fränkischen Schweiz die beste Gegend, um die „Kerwa“, das fränkische Kirchweihfest, mitzuerleben. Wer dabei nur an ein gepflegtes Ganserl-Essen mit Kirtanudeln zum anschließenden Kaffee denkt, der liegt völlig falsch. Die Kerwa ist ein Großereignis, das den Ort auf den Kopf stellt. Keine fränkische Kirchweih gleicht der anderen. Im Dorf Eschenbach im südlichen Steigerwald wird am Beginn des Festes ein vergrabenes Fass Bier ans Tageslicht befördert und angestochen. Die Kerwa gilt damit als offiziell eröffnet.

Im benachbarten Markt Erlbach machen ein Bär und sein Treiber die Straßen unsicher. Der Bär, das ist ein völlig mit Ruß eingeschwärzter Bursch, nur sparsam mit Turnhose und Schaffell bekleidet. Vom Treiber eher angestachelt als gebändigt, sucht das Untier seine Opfer und rußt gnadenlos alle Schaulustigen ein. Die haben sich an diesem Nachmittag ihre älteste Krawatte umgebunden. Denn auf diese Manneszier hat es das Gefolge des wilden Paares abgesehen. Sie wird abgeschnitten und ziert den Reisigbesen, mit dem der Kerwa-Umzug angeführt wird. Die wilde Jagd endet mit einem Walzer, bei dem sich Bär und Treiber auf dem Marktplatz drehen. Sie eröffnen den allgemeinen Kirchweihtanz, dessen Höhepunkt das „Betzn-Austanzen“ ist. Der Wirt stiftet ein Schaf – einen „Betzn“ – als Preis.

Zisterzienserkloster Ebrach - Decke des Kaisersaals

Es gibt feste Elemente beim Feiern der Kirchweih, wie etwa den Kirchweihbaum, das Kerwaausgraben, die Kirchweih-Narren und den Tanz der Kerwaburschen und -mädchen. Jedes Dorf hat aber eine etwas andere Tradition. In Erlbach zum Beispiel ist überliefert, dass bis zum 1. Weltkrieg am Kirchweihmontag ein Schausteller mit einem echten Bären in die Gemeinde kam; der heutige Schabernack wird auch darauf zurückgeführt. Zum festen Repertoire der Kerwa gehören „Schlumperlidla“, den altbayerischen „Schnaderhüpfeln“ verwandt. So singen die Erlbacher Burschen:

Die Kerwa is kumma,
Die Kerwa is doo.
Die Alten, die brumma,
Die Junga san froh.

Kerwa

Kirchweih wird einheitlich am 3. Oktobersonntag gefeiert – nur in Franken nicht. Hier hält man am alten Brauch fest, dass die Kerwa am Jahrtag der Kirchenweihe oder am Namenstag des Kirchenheiligen gehalten wird, meist gleich ein paar Tage – von Freitag bis Montag. In Franken werden vom Frühling bis zum Spätherbst hunderte von Kirchweihfesten gefeiert.

Kerwa-freie Zeit sind nur die Wochen von Advent bis Ostern. Viele Dörfer haben noch einen historischen Tanzplatz unter der Dorflinde, auf dem die Burschen ihre Mädchen zu Polka und Walzer führen.

Wo man singt und lacht

Sangeslust vereint Alt und Jung im Steigerwald. Da gibt es einen Chor der Weinköniginnen, der in der Weinparadiesscheune von Ippesheim auftritt; und ein Sänger- und Musikantentreffen, bei dem fast vergessene Lieder und Tänze zu neuem Leben erweckt werden. Das ist inzwischen nicht nur eine Sache von Profis; vielmehr entwickelte sich aus diesem Traditionsbewusstsein heraus eine kleine Volksbewegung. Nach deftigem Mahl greift jemand zur Ziehharmonika und stimmt ein Lied an. Das war früher in allen fränkischen Wirtshäusern üblich – und wird es jetzt wieder. Immer mehr Steigerwälder wollen nicht mehr nur Volksmusikabende im Fernsehen ansehen, sondern wieder selbst musizieren.

Ein Wirtshaussingen im Gasthof wird angekündigt. Die Texte werden verteilt, der Musikant stimmt den Ton an. Und siehe da – alle schmettern mit: vom launigen Spottvers über ein schmalziges Liebeslied bis zur hochdramatischen Ballade. Das weitet die Brust, fördert die Gemeinschaft und hebt den Bierumsatz, denn die Kehle muss ja auch zwischendurch befeuchtet werden. Das freut den Wirt, der sich der so genannten Aktion „Musikantenfreundliches Wirtshaus“ angeschlossen hat.

Das Brauhaus von Willi Döbler am Kornmarkt von Bad Windsheim ist so ein Gasthof. Mit den Kollegen vom Bürgerbräu schenkt Döbler sein Bier auch im fränkischen Freilandmuseum von Bad Windsheim aus. Dass es dort gleich vier urige Wirtschaften gibt, ist aber nicht der einzige Grund für die Beliebtheit des Museums. 80 historische Gebäude aus allen Teilen Frankens, deren Bau vom Spätmittelalter bis ins 19. Jahrhundert reicht, wurden detailgetreu wieder aufgebaut.

Vom Frühling bis in den Spätherbst kann man dem bäuerlichen Jahreslauf folgen. Denn Felder, Wiesen, Weiher und Gärten auf dem 45 Hektar großen Gelände gehören ebenso zum Museumsprogramm wie die Häuser. Hier wird gepflügt, gepflanzt, geerntet und gedroschen. Hier werden Schafe, Rinder, Schweine und Pferde gefüttert. Sogar Schleiereulen und Fledermäuse, Wiesel, Marder und

Müßiggänger und Arbeitstiere im Freilandmuseum Bad Windsheim

Bad Windsheim – Freilandmuseum

Pfauen haben hier eine Heimat gefunden. Je nach Jahreszeit mahlt der Müller, werden Ziegel gebrannt und Zäune geflochten. Zimmerer, Schreiner, Wagner und Schmiede zeigen ihr Handwerk.

Und immer wieder wird auch gefeiert: die Museumskerwa an Christi Himmelfahrt, eine Museumsnacht, das Herbstfest oder Mittelaltertage. Ein besonderes Erlebnis sind Theateraufführungen im Sommer, die historische Ereignisse in eine turbulente Spielhandlung kleiden.

Fürstliches Franken

Drei Erlebnisstraßen teilen den Steigerwald: die „Straße der Residenzen", die von Würzburg nach Bamberg führt; die „Steigerwald-Höhenstraße", die das Hügelland von Süd nach Nord durchquert, und die „Mittelfränkische Bocksbeutelstraße", die in einer Art Kleeblatt eine Reihe von Weinorten verbindet.

Wer die schönsten Schlösser des Steigerwalds besuchen will, wird allerdings nicht an der Straße der

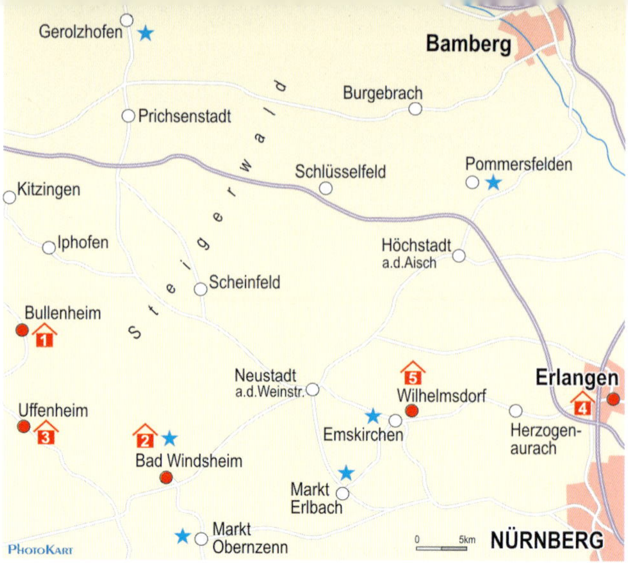

Residenzen fündig. In einer unspektakulären bäuerlichen Umgebung 20 Kilometer südwestlich von Bamberg liegt Schloss Weißenstein, nach dem dazugehörigen Dorf auch Schloss Pommersfelden genannt. Mächtig ragt in diesem bescheidenen Ambiente das Barockschloss auf, das sich Lothar Franz von Schönborn Anfang des 18. Jahrhunderts von den Baumeistern Johann Dientzenhofer und Lucas von Hildebrand in einem weitläufigen Park errichten ließ.

Die rheinischen Schönborns waren eines der mächtigsten und baufreudigsten Adelsgeschlechter des Deutschen Reiches. Lothar Franz verwaltete in Personalunion Amt und Pfründe eines Kurfürsten von Mainz, Fürstbischofs von Bamberg und Erzkanzlers des Kaiserreichs. Seine Verwandten Johann Philipp und Friedrich Karl schufen wenige Jahre nach Pommersfelden die berühmte Würzburger Residenz.

Das außen zwar pompöse, aber einfach gegliederte Schloss Pommersfelden ist im Inneren nicht weniger kostbar gestaltet als das Würzburger Barockjuwel. Berühmt sind die raffinierte, doppelläufige Prachttreppe, das Spiegelkabinett, der Marmorsaal und die Gemäldesammlung. Das Schloss ist übrigens immer noch im Besitz der Familie von Schönborn.

Schlösser und schottische Sagen

Ein ganz gegensätzliches Beispiel barocker Repräsentation findet sich am anderen Ende des Steigerwalds, in Obernzenn bei Bad Windsheim. Hier bauten sich die beiden Zweige der Familie von Seckendorff nebeneinander zwei Schlösser, das eine in einem kräftigen Blau, das andere in sattem Rot gestrichen. Zusammen mit dem Barockgarten und den Wirtschaftsgebäuden bilden das rote und das blaue Schloss eines der schönsten Ensembles fränkischer Barockbaukunst; allerdings etwas strenger, zurückhaltender – geprägt vom preußischen Geist der Markgrafschaften Ansbach und Bayreuth.

Immer dem Schild nach ...

… und in die „Höhle“, die eigentlich ein wild-romantischer Steinbruch ist!

Anders als die Schönborns sind die Seckendorfs alter fränkischer Adel. Jahrhundertelang standen sie in kaiserlichen, königlichen und landesfürstlichen Diensten. Sie bekleideten diplomatische, militärische und kirchliche Ämter am Hof in Wien und in Berlin sowie in den markgräflichen Residenzen Ansbach und Bayreuth.

Wer den Schlössern von Obernzenn einen Besuch abstattet, sollte eine Erkundung der nahe gelegenen „Fingalshöhle“ auf der Sontheimer Höhe nicht versäumen. Ihren Namen und ihre Berühmtheit verdankt sie einer anderen Zeit: dem Sturm und Drang und der Romantik, die an der Wende des 18. zum 19. Jahrhundert dem Barock folgten. Eigentlich ist die Höhle gar keine Höhle, sondern ein mittelalterlicher Steinbruch mit meterhohen glatten Wänden. Im Dreißigjährigen Krieg flüchteten sich die Bauern in dieses Versteck, während der Napoleonischen Kriege schlugen Militärs in der Grube ihr Lager auf.

Die jungen Seckendorffs aber lasen sich an diesem romantischen Ort die Verse des schottischen Dichters James Macpherson vom sagenhaften keltischen König Fingal und seinem blinden Sohn Ossian vor. Es war ein Werk, das die deutsche Literaturszene – auch Goethe und Schiller – nachhaltig beeindruckte. So trägt dieser fränkische Steinbruch einen gälischen Namen. In seine Wände sind insgesamt 36 frühe Graffiti gemeißelt. Ein napoleonischer Kanonier hat

Kirchweihfeste

Hunderte von Kirchweihfesten werden in Franken gefeiert.

Infos über Zeit und Ort gibt die Tourist-Information Steigerwald, Hauptstraße 1, 91443 Scheinfeld, Tel.: 09162–12424, www.steigerwald-info.de

★ Handwerkermuseum

In Markt Erlbach lohnt der Besuch des Handwerkermuseums in den fünf Stockwerken eines uralten Fachwerkhauses. Zu sehen sind unter anderem die Werkstätten von Schuster, Schreiner, Uhrmacher, Seiler und Bäcker sowie eine funktionsfähige Schmiede. Auch die bäuerliche Arbeitswelt wird dokumentiert.

Geöffnet von Ostern bis November an Sonn- und Feiertagen von 13.00–16.00 Uhr.

Adresse:
Rangau-Handwerkermuseum, Hauptstraße 2, 91459 Markt Erlbach, Tel.: 09106–929 30, www.markt-erlbach.de

★ Fränkisches Freilandmuseum

Ein Publikumsmagnet ist das Fränkische Freilandmuseum bei Bad Windsheim, nicht zuletzt wegen seiner zahlreichen Vorführungen und Sonderveranstaltungen. Auf dem großen Gelände stehen Gebäude aus allen Wohn- und Arbeitsbereichen vom Spätmittelalter bis ins 20. Jahrhundert, darunter vier historische Gasthäuser mit fränkischen Schmankerln.

Das Museum ist von Mitte März bis Mitte Dezember geöffnet.

Infos über Veranstaltungen und Öffnungszeiten: Fränkisches Freilandmuseum, Eisweiherweg 1, 91438 Bad Windsheim, Tel.: 09841–66 800, www.freilandmuseum.de

Wein und Bier

Winzer und Wein-Gemeinden im Steigerwald haben sich in zwei Arbeitsgemeinschaften zusammengeschlossen, die auf den Internetseiten www.bocksbeutelstrasse.de und www.weinparadies-franken.de über Feste, Weinproben, Unterkünfte und Pauschalen informieren. Wer lieber den Gerstensaft von acht kleinen Privatbrauereien im Süden des Steigerwalds kostet, findet Informationen unter www.bierstrasse.de.
Alle Angebote sind auch bei der Tourist-Information Steigerwald zusammengefasst:

Tourist-Information Steigerwald, Hauptstraße 1, 91443 Scheinfeld, Tel.: 09162–12424, www.steigerwald-info.de

Steigerwald-Höhenstraße

Die fünf Höhenzüge des Steigerwalds sind von West nach Ost ausgerichtet. Auf der 70 Kilometer langen Straße von Bad Windsheim an der Aisch oder Eltmann am Main überquert man sie alle und hat dabei immer wieder hinreißende Blicke auf die Landschaft. Am Wegesrand liegen auch Burgen und Schlösser, Kirchen und Bildstöcke sowie malerische Orte. Eine eigene Broschüre über die Höhenstraße gibt es bei der Tourist-Information Steigerwald (s.o.).

★ Schloss Pommersfelden

Rund 50 000 Kunstinteressierte besuchen alljährlich Schloss Weißenstein in Pommersfelden. Von April bis Ende Oktober täglich von 10.00–17.00 Uhr Besichtigungen (Führungen zu jeder vollen Stunde).

Adresse: Schloss Weißenstein, Schlossplatz 1, 96178 Pommersfelden, Tel.: 09548–9818 0, www.pommersfelden/schloss_weissenstein.de.

Wer mehr über die Geschichte der Schlossbesitzer-Familie Schönborn erfahren will, findet Informationen auf der Website www.schoenborn.de.

★ Blaues und rotes Schloss

Von den Sitzen der beiden Familienzweige Seckendorff-Gudent und Seckendorff-Aberdar in Obernzenn kann nur das blaue Schloss besichtigt werden und zwar von April bis Oktober an jedem 1. und 3. Sonntag im Rahmen einer Führung um 14.00 und 15.00 Uhr. Schulklassen oder Gruppen können aber jederzeit eine Sonderführung vereinbaren.

Anmeldung und weitere Informationen bei der Gemeinde Markt Obernzenn, Tel.: 09844–979923, www.schloss-obernzenn.de.

★ Empfang beim Markgrafen

Das über 1200 Jahre alte Städtchen Gerolzhofen bietet Besuchern eine Reihe von Sonderveranstaltungen, darunter eine Fahrt durch die Altstadt mit der Lok „Adler", Führungen oder Weinproben und einen Empfang durch den Markgrafen Gerold im Alten Rathaus.

Informationen bei der Tourist-Information, Altes Rathaus, Marktplatz 20, 97447 Gerolzhofen, Tel.: 09382–903512, www.gerolzhofen.de.

★ Karpfen

Der Aischgrund mit seinen über 1000 Teichen am südöstlichen Ende des Steigerwalds ist der bekannteste Karpfenlieferant Deutschlands. Die Wirte der Gegend bereiten den Fisch im Herbst auf die verschiedenste Weise zu: geräuchert, gebacken, im Biersud oder auch als Karpfen-Bratwurst. Informationen: www.karpfenschmeckerwochen.de Die reizvolle Teichlandschaft kann man auch durchwandern.

Informationen:
Gemeinde Emskirchen, Tel.: 09104–829230 oder www.weiherwanderweg.de

sich hier verewigt. Eine trauernde Witwe gedenkt ihres in Amerika gefallenen Mannes. Der Adel des benachbarten Schlosses hat gleich mehrfach seinen Namen in den Fels gegraben.

Schlemmen wie im Mittelalter

Eine Weinprobe bei den Winzern des Steigerwalds lehrt: Ihre Tropfen stehen zu Unrecht im Schatten der bekannten Kreszenzen aus dem Maintal. Wie ein Fleckerlteppich sprenkeln die Weinberge immer wieder die Wälder, Wiesen und Felder. Es sind meist steile, warme und trockene Süd- und Südwesthänge, die mit Reben bestockt sind, geschützt durch die sie umgebenden Bäume. Die charakteristischen Keuperböden geben diesen Weinen einen unverwechselbaren Charakter.

Malerische Dörfer und Städtchen laden zu Rast und Einkehr. Eines von ihnen ist Uffenheim, an den südwestlichen Ausläufern des Steigerwalds gelegen. Tortürme und Wehrmauer erinnern an die Zeit des Mittelalters.

Wer diesen Eindruck noch vertiefen will, kehrt am besten im Gasthof Grüner Baum am Marktplatz ein. Die Spezialität des Wirts sind Ritteressen in den urigen Kellergewölben. Er leiht den männlichen Gästen ein hübsches Wams und eine Kappe mit Federzier, den Damen die besten Kleider des Burgfräuleins.

Und dann geht es los mit einer fünf Stunden währenden Tafelei. Der Mundschenk sticht das Fass an, die Marketenderinnen tragen Braten und Würste auf, dass sich die Tische biegen. Gegessen wird vom Holzbrett und aus der Schüssel. Mit den Fingern zumeist, denn ein Messer ist das einzig erlaubte Hilfsmittel. Die Gabel, behauptet der Wirt, hat die Kirche verboten, weil sie an die zweizinkige Forke des Teufels erinnert. Gut, dass jeder zu diesem

Karl der Große

Der berühmteste „Franke“ war wohl Kaiser Karl der Große, der den ersten Grundstein für ein einheitliches Europa legte und deshalb oftmals als „Vater Europas“ bezeichnet wird. Er wurde 748 in Prüm, im ursprünglichen Stammesgebiet am Niederrhein, geboren und starb 814 in Aachen.

Seine Beziehungen zum heutigen Franken aber waren eng. Seine zweite Frau Hildegard war die Schwester von Markgraf Gerold, dem sagenhaften Gründer der fränkischen Stadt Gerolzhofen. Seine dritte Frau Fastrada stammte aus einem mainfränkisch-thüringischen Adelsgeschlecht. Als „Königsland“ war Franken direkt dem Herrscher unterstellt.

Gelage einen handtuchgroßen Sabberlatz umgebunden bekommt.

Gaukler unterhalten die Gäste mit ihrer Kunst. Auf Laute, Klampfe und Drehleier erklingt alte Musik. Auch der berühmte Raubritter Eppelein von Gailingen tritt auf, der einst der Hinrichtung durch einen beherzten Sprung über den Burggraben entging. Seither müssen sich die Bewohner der mittelfränkischen Metropole den Spruch gefallen lassen: „Die Nürnberger hängen keinen – es sei denn, sie hätten ihn!“

Empfang bei Graf Gerold

Auch in Gerolzhofen am Nordwestrand des Steigerwalds wird die Vergangenheit lebendig. Zum touristischen Angebot zählt hier ein Empfang durch den Markgrafen Gerold, der dieser Stadt den Namen gab. Bei einem Gläschen „Gerolzhöfer Arlesgarten“ plaudert der Graf aus der bewegten Chronik des Städtchens. Gerold selbst hatte vornehme Verwandtschaft. Seine Schwester Hildegard war mit Karl dem Großen verheiratet. Der Graf starb als Kriegsheld. Er fiel als Bannerträger im Kampf gegen die Awaren.

Gerolds Stadt aber erlebte eine wechselvolle Geschichte. Eingeklemmt zwischen den Würzburger Bischöfen und den Markgrafen von Kulmbach-Brandenburg litten die Bewohner mal unter der Knute der einen, mal unter Brandschatzung der anderen Seite. Am Ende des Dreißigjährigen Krieges war die Bevölkerung so dezimiert, dass die fränkische Kreisversammlung drastische Maßnahmen beschloss: Die Pfarrer durften heiraten, und jedem Mann war erlaubt, zwei Frauen zu ehelichen. Ins Kloster konnte man erst mit 60 Jahren eintreten. So kam wieder Nachwuchs ins Frankenland.

Als „kleines Rothenburg“ wird Prichsenstadt südlich von Gerolzhofen gerühmt. Im Jahr 1367 wurden dem Ort die Stadtrechte verliehen. Und seither, möchte man meinen, hat sich kaum etwas verändert. Eine Mauer schließt das Städtchen vollständig ein, Türme bewachen es. Beim Gang durchs Stadttor zögert man unwillkürlich: Tritt einem jetzt die Schildwache in den Weg? Nein, es gibt sie nicht mehr. Dafür aber noch zwei Nachtwächter, die regelmäßig ihre Runden drehen. In diesem sicheren Hort lässt sich gut feiern: der Spargelmarkt im April, gefolgt vom Handwerker- und Bauernmarkt im Mai. Weinfest ist Mitte Juni und Kerwa im August. Mit einem besinnlichen Adventsmarkt geht das Jahr zu Ende.

Kulinarische Vielfalt

Nicht nur landschaftlich, sondern auch kulinarisch ist der Steigerwald die vielleicht vielfältigste Region Frankens. Im Westen dominiert der Wein, im Osten fließt das Bier der zahlreichen kleinen Privatbrauereien. Im Süden liefert die Teichkette des Aischgrundes vorzügliche Karpfen, während aus dem Hoch-Steigerwald frisches Wildbret kommt. Der Gourmet kann sich hier ebenso zu Hause fühlen wie der Liebhaber deftiger Schmankerl.

Wer fein essen und anschließend gut schlafen will, dem sei das Gasthaus/Landhotel Polster in Kosbach

Lieblicher Steigerwald

östlich von Erlangen empfohlen. Sternekoch Johannes Polster verleugnet seine fränkischen Wurzeln nicht, wenn er Traditionsgerichte fantasievoll abwandelt. Uns serviert er als Menü gebackenen Spanferkelkopf auf Kräutersalaten mit einem Radieschenpesto. Als Zwischengang folgt ein in Weißwein pochiertes Zanderfilet mit Zander-Weißwürsten und Flusskrebsen. Köstlich als Hauptgang sind die Steigerwälder Rehmedaillons in Portweinsoße mit Preiselbeerklößchen. Und zum Abschluss gebackene Hollerküchle mit Holunder-Eis und marinierten Erdbeeren.

Deftige Genüsse warten auf gute Esser im Gasthof Brennerei Stuben. Hier in Wilhelmsdorf im südlichen Steigerwald werden natürlich Karpfen aus dem Aischgrund serviert. Wer der Fleischeslust frönt, wird aber vielleicht lieber zur fränkischen Schlachtschüssel greifen: Kesselfleisch auf Sauerkraut, dazu Bratwürste oder Bratwurstgehäck – alles frisch aus eigener Hausschlachtung. Wer noch ein paar Freunde oder eine Großfamilie mitbringt – acht Personen sollten es schon sein – dem serviert der Wirt ein ganzes gebratenes Spanferkel – mit Kartoffelklößen natürlich.

Wie der Name schon vermuten lässt, fehlt es in den Brennerei Stuben anschließend nicht an selbstgebranntem Schnaps. 30 Edelbrände und Liköre hat der Landgasthof im Angebot. Zur Beruhigung: es gibt hier auch sehr schöne Fremdenzimmer.

Wer Franken bereist, ohne „saure Zipfel“ zu kosten, ist selber schuld. Es gibt sie in jeder Gaststätte, die etwas auf sich hält. Wir haben unsere auf dem Ferien-Bauernhof der Familie Krug in Steinsdorf gekostet. Fränkische Bratwürste – je nach Region mit feinem oder grobem Brat – werden in einem pikant abgeschmeckten Essigsud mit Zwiebelringen und Karottenscheiben gesotten – nicht gekocht! Man isst sie mit dem Gemüse und frischem Bauernbrot und trinkt ein Bier dazu. Mit einem trockenen und säurebetonten Weißwein schmecken sie aber auch vorzüglich.

Rehmedaillons in Portweinsoße mit Sommergemüse und Preiselbeerklößchen

4 Personen

Rehmedaillons:

500 g Rehoberschale od. Rehrücken
1 EL Butterschmalz

Gemüse:

30 Kaiserschoten
10 junge Karotten
4 Petersilienwurzeln
1 EL Butterschmalz
2 Thymianzweige
1 Rosmarinzweig
1 Knoblauchzehe

Portweinsoße:

1 kg Wildknochen, walnussgroß
1 EL Öl
1 Karotte
1 Staudensellerie
1 Zwiebel, geviertelt
1 Rosmarinzweig
3 Lorbeerblätter
8–10 Wacholderbeeren
1 EL Tomatenmark
200 ml Rotwein
500 ml Wildfond
200 ml Portwein
1 EL Butter
Salz, Pfeffer

Preiselbeerklößchen:

250 g rohe Kartoffeln, mehlig
150 g gekochte Kartoffeln, mehlig
1 Ei
Salz, Muskat
60 g Preiselbeeren

Rehmedaillons:
Rehoberschale oder Rehrücken in Scheiben schneiden und ca. 6–8 Minuten in Butterschmalz anbraten. Danach warm stellen.

Gemüse:
Kaiserschoten und Karotten kleinschneiden; Petersilienwurzeln halbieren. Das Gemüse ca. 6 Minuten in folgender Reihenfolge in Butterschmalz anbraten: Petersilienwurzeln, Karotten, Kaiserschoten. Erst etwas Wasser und danach Thymian, Rosmarin und die Knoblauchzehe dazugeben.

Portweinsoße:
Die Knochen in Öl anrösten. Das klein geschnittene Gemüse, Zwiebel, Rosmarinzweig, Lorbeerblätter und Wacholderbeeren dazugeben. Tomatenmark beigeben und anschließend mit dem Rotwein ablöschen. Etwas einreduzieren lassen. Mit dem Wildfond aufgießen und auf ca. 400 ml einkochen. Den Portwein dazugeben. Passieren und mit etwas Butter aufmontieren. Mit Salz und Pfeffer abschmecken.

Preiselbeerklößchen:
Die rohen Kartoffeln reiben, die gekochten Kartoffeln zerstampfen. Beides mit Ei, Salz und Muskat zu einem Kartoffelteig vermengen. 4–5 cm große Klöße formen und in deren Mitte einige Preiselbeeren platzieren. Die Klößchen in siedendes Wasser geben und 10–12 Minuten ziehen lassen.

Anrichten:
Rehmedaillons und Sommergemüse auf einen Teller geben und mit der Portweinsoße überziehen. Daneben 2–3 Klößchen platzieren.

Rezept:
Gasthaus Polster
in Erlangen-Kosbach

Frankenwald

Trüffel und Bier, wo gibt es denn so was? Im Frankenwald natürlich! Die nördlichste Region Frankens ist immer für Überraschungen gut. Kunstliebhaber treffen sich mit rotbestrumpften Wandervögeln, Feinschmecker kommen hier ebenso auf ihre Kosten wie sportliche Mountainbiker. Karg sind die Hochebenen, tief die Täler dieses Naturparks. Die Frankenwälder mussten immer auswärts dazuverdienen. Die Flößer brachten das Holz bis nach Rotterdam, die Weber lieferten Saris nach Indien, auf Schiefertafeln aus dem Frankenwald schrieb ganz Europa. So sind auch die großen Söhne der beiden Frankenwald-Metropolen genial, sympathisch und geschäftstüchtig. Dem Renaissance-Maler Lucas Cranach, er nannte sich nach seiner Heimatstadt Kronach, riss man die Bilder aus der Hand. Aus Kulmbach stammt der Entertainer Thomas Gottschalk – ein Weltkind, das nicht müde wird, den Frankenwald zu rühmen.

Kronach und sein Cranach

Mächtig thront die Festung Rosenberg über der Altstadt von Kronach. Seit Kaiser Heinrich V. im Jahr 1122 die Stadt und ihr Umland dem Bistum Bamberg schenkte, war sie das Bollwerk des Frankenlands gegen den Norden und Osten. Mit Türmen, Mauern und Bastionen wurde die Burg im Lauf der Jahrhunderte immer wieder auf den neuesten Stand gebracht – und nie erobert. Die Hussiten berannten Rosenberg 1430 vergeblich. Die Schweden kamen im Dreißigjährigen Krieg gleich dreimal – sie bissen sich jedes Mal die Zähne aus.

Das lag nicht nur an den starken Mauern, sondern war auch das Verdienst der tapferen Kronacher. 1634 gelang es den schwedischen Truppen, eine Bresche in die Stadtmauer zu schlagen. Doch die Kronacher Frauen bewarfen sie mit Pflastersteinen und übergossen sie mit Pech und kochendem Wasser – so berichtet es die Ortschronik. „Die Kronacher sind Teufel, aber ihre Frauen sind noch neunmal schlimmer", soll damals der Anführer gejammert haben. Alljährlich wird am letzten Juni-Wochenende mit einem historischen Spektakel dieser Sieg gefeiert.

Die Festung Rosenberg dient inzwischen längst friedlichen Zwecken. Künstler und Laien treffen sich in einer Sommerakademie zum Töpfern, Malen und zur Bildhauerei. Vor allem aber wird in der „Fränkischen Galerie" auf der Festung des berühmtesten Sohnes der Stadt gedacht. Lucas Cranach wurde 1472 in Kronach geboren. Doch zog es den jungen Maler bald zu Lehrjahren nach Wien, ehe er sich 1505 als sächsischer Hofmaler in Wittenberg niederließ, sich den Beinamen Cranach (= Kronach) gab und 1537 sogar Bürgermeister wurde.

Im katholischen Kronach unter dem Krummstab der Bamberger Bischöfe war für Cranach kein Platz mehr. Dem Humanisten Melanchthon fühlte er sich verbunden, mit Martin Luther pflegte er Freundschaft. Der Reformator wurde Pate seiner Tochter Anna, Cranach selbst war Trauzeuge bei Luthers Hochzeit mit Katharina von Bora.

Festung Rosenberg

In der Kronacher Galerie hängen vier von rund 1000 erhaltenen Werken des Malers, darunter das großartige Bild „Christus und die Ehebrecherin". Der Meister hat es eigenhändig gemalt, was keine Selbstverständlichkeit war. Meist gab er nur die Komposition vor und setzte ein paar Pinselstriche. Den Rest erledigten bis zu elf Gesellen in seiner Werkstatt.

In Kronach ist Cranach allgegenwärtig. Es gibt einen Cranach-Preis, Cranach-Werkstätten und ein Cranach-Bier, das im Scharfen Eck in der Altstadt ausgeschenkt wird. Der historische Gasthof rühmte sich bis vor wenigen Jahren, das Geburtshaus des Malers zu sein. Das hat sich inzwischen als falsch

Fränkische Bratwurst

Durchschnittlich betrachtet ist die fränkische Bratwurst 15 Zentimeter lang, besteht aus grob gewolfter Schweineschulter, die mit reichlich Majoran, Salz, schwarzem Pfeffer und einer Prise Muskat gewürzt in Schweine-Dünndärme gepresst wird. Der regionalen Vielfalt wird diese Definition allerdings nicht annähernd gerecht. Die Hofer und Kulmbacher „Brodwärschd" beispielsweise haben einen hohen Kalbfleischanteil, sind fein gekuttert und mager.

Die Coburger Bratwurst dagegen ist gröber und fetter als der Durchschnitt sowie mindestens 25 Zentimeter lang. Maßstab ist eine 31 Zentimeter lange Schriftrolle, die das „Bratwurstmännla" auf dem Coburger Rathaus in der Hand hält. Die Coburger Bratwürste werden über Kiefernzapfen gegrillt. In der ganzen Stadt riecht man das. Goethes bester Freund Friedrich Zelter schrieb deshalb dem Dichterfürsten aus Coburg: „Sollte dieses Blatt danach (nach Bratwurst) duften, weißt Du, woher es kommt."

Nur acht Zentimeter lang und 20 Gramm schwer sind die Nürnberger Bratwürste, die sich Goethe gern nach Weimar schicken ließ. Gegenstück dazu ist die Meterbratwurst aus Sulzfeld (Mainfranken). Den aktuellen Rekord hält der damals 19-jährige Andreas Schäfer aus Naila (Frankenwald), der 1999 davon 5,60 Meter verzehrte.

Die meisten Bratwürste werden zwar gebraten. „Blaue Zipfel" aber werden in Essigsud gekocht, „Gestrüpfte" als rohes oder ausgebackenes Brat genossen, gebratene „Einzwiggde" zwischen zwei Semmelhälften gelegt. Klassische Beilagen sind Sauerkraut und Kartoffelsalat, bei den „Nürnbergern" auch Kren. Eines aber ist verpönt: Senf wäre eine Beleidigung für die fränkische Bratwurst.

herausgestellt, doch kann man sich in dem spätgotischen Bau gut vorstellen, wie der kleine Lucas gewohnt hat.

Im Scharfen Eck serviert man altfränkische Spezialitäten. Eine davon sind „gestrüpfte" Bratwürste. Das rohe Brat wird dazu aus den Saitlingen gedrückt, mit gehackten Zwiebeln vermischt, zu einem Pflanzl gedrückt und in Fett ausgebacken.

Es gibt auch eine rohe Variante der Gestrüpften. Sie wird wie ein Tartar mit Zwiebeln, Essiggurken und einem Eigelb angerichtet.

Die Weiße Frau von Lauenstein

Von Kronach schnurstracks nach Norden gelangt man zur Burg Lauenstein, auf einem Bergsporn über dem Loquitztal gelegen: eine Bilderbuch-Burg, Ende des 19. Jahrhunderts im Stil des Historismus romantisiert und in unseren Tagen von der Bayerischen Schlösserverwaltung mit allem ausgestattet, was eine Burg so braucht: Rüstungen und Hellebarden, Folterkammer mit Daumenschrauben und Schlafzimmer mit spätgotischen Himmelbetten.

In den Burgmauern, hinter denen früher das Thüringer Adelsgeschlecht der Orlamünde wohnte, soll noch eine „Weiße Frau" spuken. Die Sage berichtet Folgendes: Die junge Witwe Katharina von Orlamünde erstach im Liebeswahn mit einer goldenen Nadel ihre beiden Kinder, um Albrecht von Hohenzollern ehelichen zu können. Zum Tode verurteilt, begnadigt, aber lebenslang hinter Klostermauern verbannt, verfluchte sie die Hohenzollern. Seither taucht sie auf, um Unheil anzukündigen – zuletzt 1806 dem Prinzen Louis Ferdinand, der anschließend in einer Schlacht sein Leben ließ. Einheimische behaupten aber, die Weiße Frau auch in jüngerer Zeit in und um Lauenstein gesehen zu haben.

Zonenrandgebiet und alte Marathonstrecke

Zu DDR-Zeiten war hinter dem Frankenwald die Welt zu Ende. „Zonenrandgebiete" nannte man zu Adenauers Zeit solche abgeschnittenen Flecken Deutschlands. Das war nicht immer so. 1896 eröffnete der Bauer Andreas Pietz beim Bahnhof von Steinbach am Wald eine Marketenderbude. Die Bahnarbeiter der Strecke von Nürnberg nach Halle und Berlin versorgten sich hier mit Bier, Tabak und Brotzeiten. Schon zehn Jahre danach baute Pietz eine Gastwirtschaft mit Metzgerei. Sommerfrischler aus Thüringen und Berlin hatten den Frankenwald als Urlaubsregion entdeckt.

Die Grenzen sind gefallen, der Frankenwald liegt erneut in der Mitte Deutschlands und die Touristen kommen wieder nach Steinbach am Wald. Der Gasthof Pietz ist inzwischen zu einem schmucken Landhotel gewachsen. Brotzeiten gibt es noch immer, doch der jetzige Wirt Peter Pietz zeigt ganz gerne, dass er bei Steigenberger und im Hotel Bachmair am Tegernsee den Kochlöffel geschwungen hat, ehe er den Familienbetrieb übernahm. Seine Steaks und das zarte, hauchdünn geschnittene Carpaccio kommen im Übrigen von Freilandrindern aus eigener Ökozucht. Zum Dessert verwöhnt Peter Pietz seine Gäste mit Frankenwalderdbeeren im Strudelteig auf Vanilleschaum, die er mit einem Holundersorbet serviert – eine wahre Gaumenfreude.

Auch der Rennsteig, einer der schönsten und ältesten Fernwanderwege Deutschlands, bekam mit der Wiedervereinigung seine ursprüngliche Route zurück. 13 Kilometer führt er durch den Frankenwald, den Rest der genau 168,3 Kilometer durch Thüringen. Schon im Mittelalter rannten hier Kurierläufer auf dem Kamm des Thüringer Mittelgebirges. Heute nehmen ihn nicht nur Genuss-Wanderer in gemütlichen Tagesetappen unter die Sohlen. Der Rennsteig ist zu einer Herausforderung für konditionsstarke Jogger und Mountainbiker geworden.

Schon einmal, in der zweiten Hälfte des 19. Jahrhunderts, war der Rennsteig ein Modeziel, das Trennendes und Vereintes symbolisierte. Denn nicht nur geographisch liegt er wie ein Riegel in der Landschaft. Entlang des Weges spiegelten zwischen dem 16. und 18. Jahrhundert ca. 1300 Grenzsteine die deutsche Kleinstaaterei wider, die mit der Gründung des Deutschen Reiches überwunden war. Geradezu hymnisch wurde der Rennsteig besungen. Victor von Scheffel etwa dichtete: „Ein deutscher Bergpfad ist's! Die Städte flieht er und birgt im Dickicht seinen scheuen Lauf."

Doch bedarf auch der romantische Naturfreund der Speise und des Tranks. So profitiert beispielsweise der kleine fränkische Markt Tettau vom neuen

Zum Scharfen Eck 1
Lucas-Cranach-Straße 2
96317 Kronach
Tel.: 09261–965659
www.scharfeseck.de

Historischer Gasthof mit fassfrischen Bieren und fränkischen Spezialitäten wie Blaue Zipfel, Gestrüpfte oder Hochzeitssuppe.

Hotel-Gasthof Pietz 2
Otto-Wiegand-Straße 4
96361 Steinbach am Wald
Tel.: 09263–99080
www.hotel-pietz.de

Modernes, gemütliches Landhotel am Rennsteig. Gehobene Küche mit Spezialitäten vom Hochlandrind aus eigener Zucht.

Restaurant Anno Domini 3
Marktplatz 13
96355 Tettau
Tel.: 09269–943620

Speisegaststätte am Rennsteig-Wanderweg. Kartoffel-Spezialitäten, aber auch andere gut zubereitete und originell servierte Gerichte.

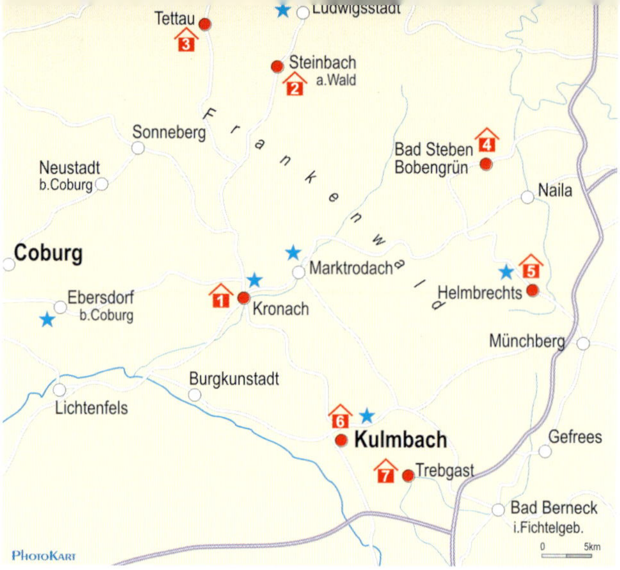

Boom. Mit pfiffigen Ideen lockt hier am Marktplatz das Restaurant Anno Domini zur kulinarischen Rast. Eine „Karre Mist" steht auf der Speisekarte. Ein hölzerner Spielzeug-Leiterwagen verbirgt sich dahinter, köstlich gefüllt mit Schweinefilets und Gemüse.

Das Gold des Frankenwalds

Noch etwas verbindet den Frankenwald mit Thüringen: der Abbau von Schiefer. Überall rund um Ludwigsstadt wurde das blauschwarze Gold gefördert. Schief liegen die Schieferschichten im Gestein.

Schieferabbau im „Dunklen" …

Doch nicht von der Schräglage kommt der Name. Schiefer lässt sich in dünne Platten spalten. Das althochdeutsche Wort *scivaro* (= Splitter) beschreibt diese Eigenschaft. Schon im Mittelalter wurde der Schiefer zum Decken von Häusern benutzt. Der magisch schimmernde Stein gibt deshalb den Dörfern des nördlichen Frankenwalds ein ganz eigenes Gepräge.

Das schönste dieser Dörfer ist Steinbach an der Haide nordöstlich von Ludwigsstadt. Nicht nur die Dächer, sondern auch die Fassaden, ja sogar der Kirchturm sind hier ganz mit Schieferschindeln verkleidet. Das goldene Zifferblatt der Turmuhr, die weiß gestrichenen Fensterstöcke, die roten Geranienkästen stehen in reizvollem Gegensatz dazu. Die Mitte bildet der Dorfanger: kein öder Parkplatz, sondern ein blühender Bauerngarten, in dem jeder Steinbacher seine Parzelle besitzt.

Seine Blütezeit erlebte der Schiefer-Bergbau im ausgehenden 19. und im beginnenden 20. Jahrhundert. Es war die Zeit, in der die Kunst des Lesens und Schreibens in Europa und darüber hinaus vom Privileg zum Allgemeingut wurde. Von Ludwigsstadt lieferte man Schultafeln aus Schiefer in alle Länder der Erde: bis nach Indien und Afrika, Amerika und Russland.

Die Tafel-Herstellung geschah in der Fabrik. Doch die dazugehörigen Griffel wurden zu hunderttausenden in Heimarbeit gefertigt. Einen Pfennig gab es für jeden Griffel; rund 5000 davon konnte eine Familie an einem Tag herstellen. Um das Jahr 1960 ging es zu Ende mit diesem Handwerk. Im Schiefermuseum von Ludwigsstadt kann man es noch besichtigen und ein nostalgisches Mitbringsel erwerben. Denn die Älteren von uns haben ihr erstes A, B und C noch auf eine Schiefertafel gekrakelt. Ein Schieferwerk aber gibt es immer noch im Frankenwald: in Lotharteil bei Geroldsgrün. Als exklusiver Bodenbelag, als Umrandung in Bädern und Küchen ist Schiefer wieder in Mode.

... und die Verwertung im „Hellen"

Noch ein „schwarzes Gold" verbirgt sich im Boden des Frankenwalds. Spezialisten streifen über Waldlichtungen und durch alte Steinhalden. Allein eine winzige Erhebung zeigt ihnen, wo unterirdisch der Schiefertrüffel wächst. Er duftet und schmeckt halb nach schwarzen Trüffeln, halb nach Steinpilzen. Anders als seine italienischen und französischen Kollegen entwickelt der fränkische Trüffel sein Aroma aber nur gebraten oder gekocht, meist in Suppen und Soßen.

Im Gasthof Spitzberg in Bad Steben dünstet Küchenchef Helmut Völkel die feingewürfelten Knollen mit Schalotten in Butter an und gießt Portwein und Rinderfond auf: eine feine Soße, etwa zu zarten Kalbsrückensteaks.

Holz und Saris aus Franken

Die Böden des östlichen Frankenwalds sind mager. Sie tragen höchstens „Erpfe" (Erdäpfel), die tägliche Speise in früheren Zeiten. Die Bewohner waren auf ein Zubrot angewiesen. Das verschafften ihnen die Hohenzollern um 1415 mit der Einführung einer völlig neuen Faser: der Baumwolle, die vor allem aus Zypern kam. Jahrhundertelang klapperten die Webstühle zwischen Naila und Helmbrechts, das am Anfang des 20. Jahrhunderts als „Kleiderschrank der Welt" bezeichnet wurde. Aus dem Frankenwald kamen Ponchos und Saris für Südamerika und Indien, vor allem aber Stoffe für die modische Welt der ausgehenden Kaiserzeit. Die fränkischen Weber hatten zwei Wettbewerbsvorteile: Sie gaben sich mit niedrigen Löhnen zufrieden und sie konnten auf neue Modewellen flexibel reagieren.

Im nahen Tal der „Wilden Rodach" entwickelte sich ein anderes Handwerk: die Flößerei.

Die Rodach mag wild sein, besonders breit ist sie nicht. Man musste sie mit kleinen Wehren und Rutschen aufstauen, um das Holz transportieren zu können. Heute ist die Fahrt, wie an der Münchner Isar,

Gasthof Spitzberg 4
Hauptstraße 43
95138 Bad Steben-Bobengrün
Tel.: 09288–313
www.gasthof-spitzberg.de

Fränkischer Gasthof am Fuß des Spitzberges, der ihm den Namen gibt. Gekocht werden heimische Gerichte aus frischen Produkten der Region.

Gasthof-Pension Bischofsmühle 5
Naturpark Frankenwald
95233 Helmbrechts
Tel.: 09289–367
www.gasthof-bischofsmuehle.de

Romantischer Gasthof in idyllischer Lage an der Oberen Rodach. Wildspezialitäten und Fische aus eigenen Gewässern.

★ Schwedensturm

Die erfolgreiche Verteidigung der Stadt Kronach vor den Schweden wird alljährlich mit einer Schwedenprozession am Sonntag nach Fronleichnam und mit einem Historienspektakel am letzten Juni-Wochenende gefeiert.
Die genauen Termine findet man im Veranstaltungskalender der Stadt Kronach unter www.kronach.de.

★ Festung Rosenberg

Auf der Festung Rosenberg befindet sich die Fränkische Galerie des Bayerischen Nationalmuseums mit Schwerpunkt Lucas Cranach und Tilman Riemenschneider, sowie ein Steinmetzmuseum.
Im Aufbau waren bei Redaktionsschluss ein Dokumentationszentrum zur Festungsgeschichte und ein Frankenwaldmuseum.
Täglich geöffnet außer Montag.
Sommer: 9.30–17.30 Uhr, Winter 10.00–16.00 Uhr.

Festung Rosenberg
96317 Kronach, Tel.: 09261–60410
www.festung-kronach.de

★ Sommerakademie „Cranachwerkstätten"

Zur Erinnerung an den Renaissancemaler Lucas Cranach findet auf der Festung Rosenberg im Juli und August die Sommerakademie „Cranachwerkstätten" statt. „Profi"-Künstler geben interessierten Laien Einführungen in Bildhauerei, Töpferei, Mosaik und Grundlagen der Gestaltung.

Infos bei: Tourismus- und Veranstaltungsbetrieb der Stadt Kronach, Marktplatz 5, 96317 Kronach, Tel.: 09261–97236, www.kronach.de

★ Burg Lauenstein

1962 erwarb der Freistaat Bayern die Burg, restaurierte sie sorgfältig und richtete ein Museum ein, das mittelalterliches Burgleben widerspiegeln soll. Die Burg ist nur im Rahmen einer Führung zu besichtigen. Sommer: 9.00–18.00 Uhr,
Winter: 10.00–16.00 Uhr.

Info: Burg Lauenstein, Burgstraße 3,
96337 Ludwigsstadt, Tel.: 09263–400;
www.schloesser.bayern.de

Alle zwei Jahre am vierten Wochenende im Juni findet auf der Burg ein großes Mittelalterfest statt.
Info: www.ludwigsstadt.de

★ Schiefermuseum

In einem ehemaligen Fabrikgebäude von Ludwigsstadt wurde ein großzügiges und interessantes Schiefermuseum eingerichtet. Es informiert unter anderem über die Geologie des Frankenwalds und des anschließenden Thüringer Walds sowie über die Geschichte des Schieferabbaus in der Region. Gezeigt werden Arbeitsgeräte und Erzeugnisse wie Schultafeln, Griffel, Wetzsteine oder Schiefer-Isolierungen für die frühe Elektrotechnik.

Info: Schiefermuseum, Lauensteinerstraße 44,
96337 Ludwigsstadt, Tel.: 09263–974541,
www.schiefermuseum.de
Geöffnet Dienstag mit Sonntag 13.00–17.00 Uhr.

★ Plassenburg

Die Plassenburg hoch über Kulmbach lohnt allein wegen ihres „Schönen Hofs" mit reich geschmückten Arkaden den Besuch. In der Burg sind gleich vier Museen untergebracht. Sie zeigen die Geschichte der Hohenzollern in Franken, Waffen und Ausrüstung des preußischen Heeres, präsentieren im Zinnfigurenmuseum die größte deutsche Sammlung und informieren im „Landschaftsmuseum Obermain" über Geschichte und Naturgeschichte der Region. Täglich geöffnet. Sommer: 9.00–18.00 Uhr,
Winter: 10.00–16.00 Uhr.

Info: Plassenburg, 95326 Kulmbach,
Tel.: 09221–82200, www.kulmbach.de

Kulmbacher Bierwoche

Alljährlich laden die Kulmbacher Brauereien zur Kulmbacher Bierwoche ein. Sie beginnt immer am letzten Samstag im Juli. In ausgelassener Stimmung

kann man hier eine umfassende Bierprobe vornehmen.
Info unter: www.kulmbacher.de

★ Flößermuseum und Floßfahrten

Das Flößermuseum in Marktrodach/Unterrodach ist in einem ehemaligen Floßherrnhaus untergebracht und informiert über Geschichte und Bedeutung der Frankenwald-Flößerei. Es ist in den Sommermonaten von Dienstag bis Samstag von 9.00–11.00 Uhr und von 14.00–16.00 Uhr geöffnet.

Info: Tel.: 09261–60310.

Sommers werden auch Floßfahrten veranstaltet.

Info: Fremdenverkehrsverband Wallenfels, Rathausgasse 1, 96346 Wallenfels, Tel.: 09261–94521, www.wallenfels.de

★ Oberfränkisches Textilmuseum

Das Textilmuseum in Helmbrechts zeigt Zunftgegenstände, Rohstoffe und Musterbücher sowie eine funktionsfähige mechanische Weberei (Vorführungen auf Anfrage). Einen Überblick gibt auch eine Multivisionsschau. Öffnungszeiten: Dienstag bis Freitag: 10.00–12.00 Uhr und 14.00–16.00 Uhr; Samstag, Sonn- und Feiertage 10.00–16.00 Uhr.

Infos und Adresse: Münchberger Straße 17, 95233 Helmbrechts, Tel.: 09252–92430, www.textilmuseum.de

★ Ebersdorfer Trachtenkirchweih

Die Ebersdorfer Kirchweih findet seit 1647 am Wochenende zwischen dem 6. und 12. August auf dem historischen Dorfanger statt. Tanz am Samstagabend, am Sonntagvormittag Festgottesdienst und Frühschoppen, am Nachmittag Trachtenumzug mit anschließendem Tanz. Am Kirchweihmontag ist „Männerumzug“: Die Kirchweihpaare suchen sich jeweils andere Tanzpartner im Dorf und führen sie zum Anger.

Info: www.ludwigtadt.de

ein beliebtes Touristen-Spektakel. Damals war sie harte Arbeit.

Über die Flüsse Kronach, Haslach und Rodach gelangten die Flöße zum Main und weiter zum Rhein. Dort wurden sie zu mächtigen Inseln zusammengebunden und bis Rotterdam geschifft. Nach dem 2. Weltkrieg endete die weite Reise der Frankenwälder Flößer. Die Eisenbahn transportierte das Holz billiger und schonender. Ein Flößermuseum in Unterrodach und ein Flößerweg halten die Erinnerung wach.

Ausgangspunkt des Flößerwegs ist der Landgasthof Bischofsmühle, idyllisch im Rodachtal zwischen Schwarzenbach und Helmbrechts gelegen. Er bietet nicht nur komfortable Zimmer für Wanderer. Juniorchefin Dorothea Strößner brät auch fangfrische Bachforellen mit Mandelblättchen in Butter.

Lohnende Bierinvestitionen

In Kulmbach treffen sich der Weiße und der Rote Main, um gemeinsam die Reise zum Rhein anzutreten. Die Plassenburg, die ihnen nachwinkt, ist sozusagen das evangelische Gegenstück zur Kronacher Festung Rosenberg der Bamberger Bischöfe. Außen stark befestigt, birgt das einstige Machtzentrum der hohenzollerschen Markgrafen einen der schönsten Renaissance-Innenhöfe Deutschlands mit reich geschmückten Arkadengängen.

Mit München rangeln die Kulmbacher um den Ruf als Bier-Hauptstadt Bayerns. Schon 1349, so sagen sie, wurde bei ihnen ein trinkbarer Gerstensaft gebraut. Vier, inzwischen fusionierte Großbrauereien gibt es hier – und eine ganz kleine. Die Gründung des Kommunbräus im Jahr 1994 war zwar keine Schnapsidee, entstand aber doch aus einer Bierlaune heraus. Eine eigene Brauerei wollten die Stammtischbrüder, in der Bier noch wie früher in kleinen

Kulmbacher Altstadt

Mengen für den Eigenbedarf gesotten wird. Jeder legte 4000 Mark auf den Tisch und erwarb eine Bieraktie.

Inzwischen halten mehr als 400 Genossen Anteile am Brauhaus samt Wirtschaft. Doch der Ruf ihres Biers ist mittlerweile so legendär, dass sie längst nicht mehr selbst für den nötigen Umsatz sorgen müssen. Urige Gasträume, ein lauschiger Biergarten und die Kochkunst des Wirts Peter Stübinger tun ein Übriges.

Die Biere des Kommunbräu wechseln mit der Jahreszeit. Zur Fastenzeit gibt es ein „Schutt und Asche Bier", ein rauchiges Helles. Im Mai wird ein „Deflorator" genannter Maibock ausgeschenkt, der es mit 7 Prozent Alkohol und 16 Prozent Stammwürze in sich hat. Leichter ist das Sommerbier von Juni bis August. Da darf man schon eine Maß mehr gegen den Durst trinken. Beim „Delirium"-Bock, der nur im Dezember gebraut wird, ist das dagegen nicht anzuraten.

Mit Bier kocht man gern in Kulmbach und Umgebung. Im Trebgaster Landhotel Röhrleinshof brät Küchenmeister Roland Schlemmer eine Schweinelende „medium" an, schneidet das rosige Fleisch dann in dünne Scheiben und mariniert es in pikant abgeschmecktem Bierschaum. Auf einem Feldsalat mit fruchtiger Tomaten-Vinaigrette entfaltet das Fleisch seinen vollen, hopfig-malzigen Geschmack.

Kulmbacher Bier

Bier ist der bestimmende Wirtschaftsfaktor der Stadt. Die seit 1996 zur „Kulmbacher Gruppe" zusammengeschlossenen vier Traditionsbrauereien produzieren pro Jahr 3,5 Millionen Hektoliter, machen 220 Millionen Euro Umsatz und beschäftigen rund 1000 Mitarbeiter. Verzahnt ist die AG mit der Brau Holding International (u.a. Paulaner, Heineken), die 62,66 Prozent der Anteile hält. Als Marken und Produktlinien sind die Kulmbacher Brauereien aber erhalten geblieben.

Kirchweih auf dem Dorfanger

Ohne Bier ist im Frankenwald keine Kirchweih denkbar. Beim Festzug in Ebersdorf werden als

Biergarten und Rathaus in Kulmbach

wichtigste Utensilien eine Gießkanne und eine Laterne mitgetragen. Die Laterne hängt man am Tanzplatz unter der Dorflinde auf. Die Gießkanne wird mit Freibier des örtlichen Bräus gefüllt. Zuvor haben die Burschen ihre Mädchen zu Hause abgeholt. Sie werden an diesem Abend freigehalten und eifrig zum Tanz geführt. Zum Dank steckt das Mädchen seinem Burschen ein Blumensträußchen an den Hut. Hahn im Korb ist der „Altbursch", den gleich zwei Mädchen begleiten.

Seit über 300 Jahren wird diese Kerwa in Ebersdorf gefeiert. Den Tanzboden auf dem Dorfanger hat man schon Tage vorher mit Lehm festgestampft und geglättet. Dann wird Haferstroh aufgeschüttet, damit sich das Tanzbein bei Walzer und Polka leichter schwingen lässt. Jedes Paar stärkt sich vor dem Tänzchen mit einem tüchtigen Schluck aus der Gießkanne. Ein Bild wie aus alten Tagen: Oben leuchten die Lichterketten und die große Laterne, unten drehen sich die Mädchen und Burschen im Tanz – und verschwinden während dieser lauen Sommernacht wohl auch für ein halbes Stündchen im Schatten der Bäume. Nur eines hat sich geändert: regelmäßig gerauft, so wie früher, wird bei der Kerwa nicht mehr.

Brauerei-Wirtshaus Kommunbräu 6
Grünwehr 17
95326 Kulmbach
Tel.: 09221–84490
www.kommunbraeu.de

Zünftige Räume und malerischer Biergarten. Zum selbstgebrauten Bier Kulmbacher Festtagsküche nach überlieferten Familienrezepten.

Landhotel Röhrleinshof 7
Eichholz Nr. 6
95367 Trebgast
Tel.: 09227–9550
www.landhotel-roehrleinshof.de

Stilvolle Zimmer und Gasträume mit Wintergarten und Sommerterrasse. Wildspezialitäten, fränkische Küche, aber auch fantasievolle Kreationen.

Frankenwalderdbeeren im Strudelteig auf Vanilleschaum mit Holundersorbet

6 Personen

Strudelteig:

200 g Mehl
1 Prise Salz
1 EL Öl
100 ml lauwarmes Wasser

1 Eigelb
etwas süße Sahne

Erdbeerfüllung:

500 g Erdbeeren
1 EL Zucker
1 TL Cognac

Vanilleschaum:

1–2 Vanilleschoten
500 ml Sahne
3 EL Zucker

Holundersorbet:

300 g Holunderbeeren
200 g Himbeeren oder Brombeeren
125 g Zucker
50 ml stilles Mineralwasser

Garnitur:

12 mittelgroße Erdbeeren
Puderzucker

Strudelteig:

Zutaten zu einem glatten Teig verarbeiten und ca. 1 Stunde bei Zimmertemperatur ruhen lassen.

Erdbeerfüllung:

Erdbeeren putzen, waschen, mit Zucker und Cognac marinieren.

Vanilleschaum:

Alle Zutaten zusammen aufkochen, durch ein Sieb geben und ca. 2 Stunden kalt stellen. Danach mit dem Mixer oder einer Küchenmaschine schaumig aufschlagen.

Holundersorbet:

Beeren putzen, waschen, mit Zucker und Mineralwasser mischen und pürieren, durch ein Sieb streichen und ca. 2 Stunden einfrieren.

Zubereitung des Desserts:

Den Strudelteig hauchdünn ausrollen (ca. 10 x 10 cm). Mit den marinierten Erdbeeren belegen und Säckchen formen. Eigelb und Sahne vermengen und damit die Säckchen bestreichen. Diese ca. 8 Minuten bei 200 Grad backen.

Anrichten:

Den Vanilleschaum auf einem Teller anrichten und mit frischen, halben Erdbeeren dekorieren. Die noch warmen Strudelsäckchen auf den Vanilleschaum setzen. Eine Kugel Holundersorbet dazu anrichten. Mit Puderzucker bestreuen.

Rezept:
Hotel-Gasthof Pietz,
Steinbach am Wald

Fichtelgebirge

Schon die Universalgenies Goethe und Humboldt durchstreiften das Fichtelgebirge. Sie lockte das Geschichtsbuch der Erde, das hier aufgeschlagen ist. Riesige graue Granitblöcke türmen sich auf und fallen durcheinander als hätten Riesenkinder mit Bauklötzchen gespielt. Jahrhundertelang wurde nach Erz, Silber und Gold gegraben. Zahlreiche Eisenhämmer läuterten und bearbeiteten das Metall. Eine Brunnenstube Europas ist dieses Mittelgebirge. Die eine Hälfte der Flüsse wendet sich über Elbe und Rhein der Nordsee zu. Die andere fließt mit der Donau ins Schwarze Meer. Auch die Kunst ist hier zu Hause: Jean Paul wurde in Wunsiedel geboren. Mit seinen Romanen und Erzählungen bewegte er wie kaum ein anderer das deutsche Gemüt. Im Kloster Waldsassen hat das fränkisch-böhmische Barock eines seiner schönsten Denkmäler hinterlassen. Gespeist wird mal fein und mal deftig: von der Hirschroulade über Karpfen in Bierteig bis zur gebratenen Gansbrust.

Prominente aus alten Tagen

„Der Granit lässt mich nicht los“ schrieb Johann Wolfgang von Goethe an die Freifrau Charlotte von Stein. Dreimal besuchte der Dichter das Fichtelgebirge im Nordosten Frankens. 1785 war er noch ein vergleichsweise junger Hupfer von 36 Jahren, bei den Reisen 1820 und 1822 schon gesetzteren Alters. Zuletzt besichtigte er in Marktredwitz eine damals berühmte Quecksilberfabrik, wobei geraunt wurde, der ältere Herr habe auch an den Töchtern des Besitzers sein Wohlgefallen gefunden. 1899 – zu seinem 150. Geburtstag – wurde dem Dichterfürsten im Felsenlabyrinth der Luisenburg ein „Goethefelsen“ gewidmet.

Wie Goethe war auch Alexander von Humboldt lebhaft an den „geologischen Merkwürdigkeiten“ des Fichtelgebirges interessiert. Die Markgrafschaft Ansbach und Bayreuth war 1791 an Preußen gefallen. Als Oberbergrat in preußischen Diensten förderte der Naturforscher den Abbau von Gold in Goldkronach und von Eisen bei Wunsiedel, ehe er seine Weltreisen antrat.

In Wunsiedel wurde 1763 auch Jean Paul als Sohn eines Lehrers und Organisten geboren. Als Schriftsteller zog er seine Kreise enger als Goethe und Humboldt. Doch mit seiner ebenso liebevollen wie ironischen Schilderung der Kleinbürgerwelt – im Roman Siebenkäs oder in der Erzählung vom Schulmeisterlein Wuz – war er genauso groß wie die beiden Titanen. Seiner Vaterstadt schrieb er ins Stammbuch: „Gern bin ich in Dir geboren, Du kleine, aber gute und lichte Stadt.

Durch des Felsenlabyrinths dunkle Tiefen …

… hinauf zu den blauen Höhen der Luisenburg.

Verhextes Gestein

Wer Land und Leute kennen lernen will, beginnt am besten im Wunsiedler Fichtelgebirgsmuseum, das vor fast 100 Jahren vom Apotheker, Mineralogen und Heimatkundler Alfred Schmidt gegründet wurde. Mit 2500 Quadratmetern Ausstellungsfläche ist es heute das größte deutsche Regionalmuseum. Anschaulich wird man hier in die Erdgeschichte eingeführt, deren Verwerfungen und Glutfluten im Fichtelgebirge höchst seltsame Formen zu Tage brachte. Der Volksmund gab ihnen anschauliche Namen: „Blockmeere“ sind hier zu finden und „Matratzenlager“, ein „Backöfele“ und „Druidenschüsseln“.

So vorgebildet machen wir uns auf zum nahen Felsenlabyrinth der Luisenburg – dem wohl merk-

Fichtelgebirgsmuseum

Erzabbau

Seit dem frühen Mittelalter wurde im Fichtelgebirge Erz abgebaut, vor allem Eisen, Zinn und Gold. Auch Braunkohle wurde gefördert. Das geschah erst im Tagebau, bald auch in Stollen, die durch Holz abgestützt wurden. Mangels Sprengstoff erhitzte man das erzführende Gestein mit Feuer und kühlte es mit Wasser ab, um es mürbe zu machen.

Im Dreißigjährigen Krieg kam der Bergbau zum Erliegen, die Minen waren auch schon weitgehend ausgebeutet. In Goldkronach gab es jedoch immer wieder Versuche, das Edelmetall auszubeuten.

Die Fichtelgold AG gab erst 1925 wegen Unwirtschaftlichkeit auf.

würdigsten Gebilde aus Grotten, Türmen und Felsmauern. Vor 240 Millionen Jahren füllten sich die Falten eines Hochgebirges mit Magma aus der Tiefe.

Das Gebirge existiert längst nicht mehr. Frost, Wasser und Wind trugen die Deckschichten ab und ließen die Blöcke und Bänder des wesentlich härteren Granits zurück. Fast 40 Prozent des Fichtelgebirges sind von diesem Urgestein bedeckt. Der Name führt allerdings in die Irre. Die anderen Gesteine des Fichtelgebirges sind wesentlich älter, der Marmor zum Beispiel.

Als Goethe zum ersten Mal das Labyrinth erkundete, musste er noch mühsam kraxeln. Das Stein-Gewirr galt als verhexter Ort. Ab 1790 aber fing man an, Wege vom Geröll freizuräumen, man baute Treppen und Steige. Die Kurgäste des nahen Bad Alexandersbad begannen nun, hier herumzustiefeln. 1805 stattete die junge Preußenkönigin Luise der Wildnis einen Besuch ab. Der Name „Luisenburg" war geboren und das Fichtelgebirge hatte nun einen Erlebnispark von europäischem Rang: ein „Kleeblatt" gibt es hier und eine „Teufelsbrücke", einen „Napoleonshut" und natürlich einen „Luisensitz". In den harten Fels steht ein etwas holpriger Reim gegraben:

Sehn wir den milden Strahl der Frühlingssonne
An diesem Felskolosse glüh'n,
So denken wir des Blicks der sanften Huld und Wonne
Mit der Louise heut uns Glücklichen erschien.

Von Goethe ist das sicher nicht. Und doch blieb die Luisenburg bis heute ein Hort der Musen. Im Jahr 1890 nutzte man die romantische Kulisse zum ersten Mal für ein Raubritterstück als Naturbühne. Seither sind die Luisenburg-Festspiele das älteste und wohl auch das schönste Freilicht-Theater im deutschsprachigen Raum.

Das Dach Europas

Das Fichtelgebirge ist kein monolithischer Felsstock. In der Mitte erheben der Ochsenkopf und der Schneeberg ihr Haupt knapp über die 1000-Meter-Grenze. Im Norden schließt sich das Waldsteingebirge an. Im Süden führen die Kosseine und der Steinwald hinüber in die Oberpfalz. Quer hindurch läuft die europäische Hauptwasserscheide. Bäche

Freilicht-Theater in der Luisenburg

und Flüsse, die hier entspringen, geben sich deshalb kosmopolitisch. Eger und Saale wollen mit der Elbe an die Nordsee. Der Main verbündet sich mit dem Rhein und reist mit ihm weiter nach Holland. Das Wasser der Fichtelnaab-Quelle, nur einen Katzensprung entfernt, wendet sich schnurstracks nach Süden, der Donau und dem Schwarzen Meer zu.

Auf einem Quellenweg kann man dieses „Dach Europas" durchwandern. Er ist nur einer von den vielen Wanderwegen, die das Fichtelgebirge auf rund 3000 Kilometern durchziehen. Beliebtestes Ausflugsziel ist der Gipfel des Ochsenkopfs – wohl auch deshalb, weil vom Norden wie vom Süden Sesselbahnen hinaufführen. Die Talorte Bischofsgrün und Fichtelberg haben sich deshalb zu gern besuchten Ferienorten entwickelt. Im Winter gibt es hier Skipisten und Langlaufloipen, im Sommer geführte Wanderungen, Freibäder und den Fichtelsee, das ganze Jahr über Kur- und Wellness-Angebote.

Der Fremdenverkehr ersetzte traditionsreiches Handwerk, mit dem die Bewohner früher ihr Brot erwarben. Bischofsgrün wurde im 17. Jahrhundert zu einem Zentrum der Glasherstellung. Maßgeblich dazu beigetragen hatten Zuwanderer aus Böhmen, die ihre Kunst mitbrachten. Bei Fichtelberg wurde vom Mittelalter bis in die Neuzeit Eisen gefördert und verhüttet. Im Gleißinger Fels bei Fichtelberg kann man heute noch das Silbereisen-Bergwerk besichtigen. Der Eisenglimmer schimmert silbrig und bekam so seinen Namen. Auch die aus Eisen gegossene Mariensäule von Fichtelberg erinnert an die ehemaligen Bergbauzeiten.

Gasthof Hammerschmiede 1
Fröbershammer 8
95493 Bischofsgrün
Tel.: 09276–310
www.hammerschmiede-bischofsgruen.de

Gasthaus mit 130-jähriger Familientradition. Fränkische Behaglichkeit in rustikalen Räumen.

Hotel Schönblick 2
Gustav-Leutelt-Straße 18
95686 Fichtelberg
Tel.: 09272–97800
www.hotel-schoenblick.de

Im Restaurant und der Eulenstube werden neben fränkischen Spezialitäten auch fantasievolle leichte Gerichte serviert.

Gasthof Zum Loisl 3
Neugrün 5
95694 Mehlmeisel
Tel.: 09272–6138
www.zum-loisl.de

Im Sommer die Terrasse, im Winter ein wärmender Kachelofen. Aufgetischt wird vor allem Wild aus eigener Jagd und Zucht.

Luisenburg

Das Felsenlabyrinth Luisenburg liegt am nordöstlichen Ausläufer des Gebirgszugs Kosseine nahe Wunsiedel und Bad Alexandersbad. Die Luisenburg-Festspiele in dieser Naturbühne finden von Mai bis August statt und locken jährlich rund 130 000 Besucher an.
Gespielt werden populäre Stücke in guten Inszenierungen, im Festspielsommer 2006 zum Beispiel das Musical „Kiss me, Kate", Tschechows „Möwe" und das Kinderstück „Pippi Langstrumpf". Der Zuschauerraum ist überdacht, nur die Schauspieler agieren unter freiem Himmel.

Informationen unter www.wunsiedel.de

Einen Überblick über sämtliche Veranstaltungen und Sehenswürdigkeiten bietet Ihnen außerdem die Tourist Information Fichtelgebirge
Gablonzer Straße 11, 95686 Fichtelberg,
Tel.: 09272–969030, www.fichtelgebirge.de.

★ Fichtelgebirgsmuseum

In einem mittelalterlichen „Spital für unschuldig verarmte Männer" und zwei angrenzenden Handwerker-Häusern wurde in Wunsiedel ein Museum eingerichtet, dessen Spektrum von der Geologie über die Herrschafts- und Kulturgeschichte, den mittelalterlichen Bergbau bis zur Porzellanindustrie des 19. Jahrhunderts reicht. Handwerksvorführungen ergänzen die Schaustücke.

Geöffnet Dienstag bis Sonntag 10–17 Uhr.

Fichtelgebirgsmuseum, Spitalhof,
95632 Wunsiedel, Tel.: 09232–2032,
www.fichtelgebirgsmuseum.de

★ Museum Grassemann

Auf halber Höhe des Ochsenkopfs bei Warmensteinach steht dieses 400 Jahre alte Bauernhaus. Es zeigt in der originalen Umgebung das karge bäuerliche Leben bis ins 20. Jahrhundert. Das Museumsgebäude ist auch Informationsstelle des Naturparks. Rund um Grassemann zeigt ein Pfad die ehemals intensive Nutzung der Natur durch Landwirtschaft, Holzeinschlag und Bergbau. An Aktionstagen wird bäuerliche Arbeit, zum Beispiel Butterstampfen, gezeigt.

Geöffnet ist das Museum von Mai bis Oktober, Mittwoch bis Sonntag 11–16 Uhr, von Januar bis April samstags und sonntags 14–16 Uhr.

Freilandmuseum Grassemann,
Grassemann Haus Nr. 3, 95485 Warmensteinach,
Tel.: 09277–6105 (Museum)
oder 0921–728370 (Landratsamt Bayreuth).

★ Silbereisen-Bergwerk

Mit Bergmannskleidung und einer Grubenlampe bewaffnet kann man nahe Fichtelberg eine Expedition in die Unterwelt des Ochsenkopfs unternehmen.
Das Bergwerk Gleißinger Fels wurde 1478 eröffnet und ist damit das älteste Bergwerk Nordbayerns. Es liegt an der Panoramastraße, die von Fichtelberg nach Bischofsgrün führt, zwischen den Ortsteilen Fleckl und Neuhaus.

Führungen von April bis Oktober täglich von 10–17 Uhr zu jeder vollen Stunde.

Besucherbergwerk Gleißinger Fels,
Panoramastraße, 95686 Fichtelberg,
Tel.: 09272–848,
www.bergwerk-fichtelberg.de

★ Meilerfest Selb

Das Meilerfest auf der Selber Häusellohe findet in der ersten Junihälfte, meist am zweiten Samstag des Monats statt. Schon eine Woche vorher wird der Kohlenmeiler angezündet und raucht dann die ganze Woche durch. Beim Meilerfest gibt es Musik, Bewirtung und Handwerksvorführungen. Höhepunkt ist der Ausstoß, das Öffnen des Meilers. Im Jahr 2005 musste er allerdings verschoben werden, weil wegen schlechten Wetters der

Meiler langsamer ausglühte als geplant. Auf der Häusellohe befindet sich auch ein Schau-Steinbruch, der die bis 1976 dort betriebene Granitverarbeitung zeigt.

Informationen und Termine: www.enklselb.com

★ Kloster Waldsassen

Kloster Waldsassen ist heute eine Zisterzienserinnen-Abtei. Die Nonnen unterrichten Mädchen einer Realschule und fertigen in ihrer Werkstatt Wachskunst und Paramentenstickerei. Begehrte Hausspezialitäten sind auch Zwiebelzuckerl und der Klosterlikör. Rund 100 000 Besucher besichtigen jährlich die berühmte Klosterbibliothek.

Führungen täglich (außer Montagvormittag) von 10–12 und 14–16 Uhr, von November bis März nur nachmittags 13–16 Uhr.

Zisterzienserinnen-Abtei Waldsassen,
Basilikaplatz 2, 95652 Waldsassen,
Tel.: 09632–92000,
www.abtei-waldsassen.de

★ Karpfenteiche

Rund 4000 Teiche gibt es im Landkreis Tirschenreuth am Ostrand des Fichtelgebirges. In ihnen werden vor allem Karpfen gezogen; es leben aber auch Schleien, Hechte, Zander, Waller und sogar Edelkrebse darin.

Über Tradition und Geschichte der Teichwirtschaft und Flussfischerei informiert das Oberpfälzer Fischereimuseum, das auch vier große Aquarien mit einheimischen Fischen besitzt.

Geöffnet:
Mittwoch bis Sonntag 11–17 Uhr,
Winter 11–16 Uhr.

Oberpfälzer Fischereimuseum,
Regensburger Str. 6, 95643 Tirschenreuth,
Tel.: 09631–6122,
www.stadt-tirschenreuth.de

Köstliches Musizieren

Mit den Urlaubern hat auch die gehobene Gastronomie im Fichtelgebirge Einzug gehalten. So wird im Gasthof Hammerschmiede in Bischofsgrün gebratener Fichtelgebirgs-Saibling mit Spargel serviert. Der Chef des Hotels Schönblick in Fichtelberg gart seinen Rinderbraten im Heu mit duftenden Kräutern. Ein Dorf weiter, beim Loisl in Mehlmeisel, wandelt man ebenfalls Traditionsgerichte raffiniert ab. Wir haben Hirschrouladen, gefüllt mit Dörrzwetschgen, gekostet – eine überzeugende Kombination.

Aber es gibt sie natürlich noch, die alten Wirtschaften – mitten im Dorf oder auch dort, wo sich Fuchs und Hase eine gute Nacht wünschen. Zu letzteren gehört der Gasthof Grassemann im gleichnamigen Weiler, an der Panoramastraße zwischen Ochsenkopf und dem Bergrücken der Königsheide gelegen. Dort kann man sich – beim Warten auf das mit Bier und Kümmel gebratene Schäufele – ein wenig in die Geschichte vertiefen.

Ende des 19. Jahrhunderts traf sich im Grassemann jeden Donnerstag eine fröhliche Runde von Bewohnern und Sommerfrischlern der nächstgelegenen Orte Bischofsgrün, Warmensteinach und Fichtelberg, um gemeinsam zu musizieren und das eine oder andere Krügel Bier zu leeren. „Grassemania" nannte man sich, und zu fortgeschrittener Stunde wurde die Idee geboren, dem Fichtelgebirge doch eine eigene Hymne zu widmen. Das übernahm der in solchen Dingen erfahrene Hauptlehrer Isaak Eckardt. Und im Jahr 1897 erklang es dann zum ersten Mal, das „Fichtelgebirgslied", das heute noch gerne gesungen wird:

Kennst Du die Berge in Deutschlands Herz,
gelagert rings im Kreise?
Mit grünen Wäldern so reich bedeckt –
die Lüfte säuseln leise.

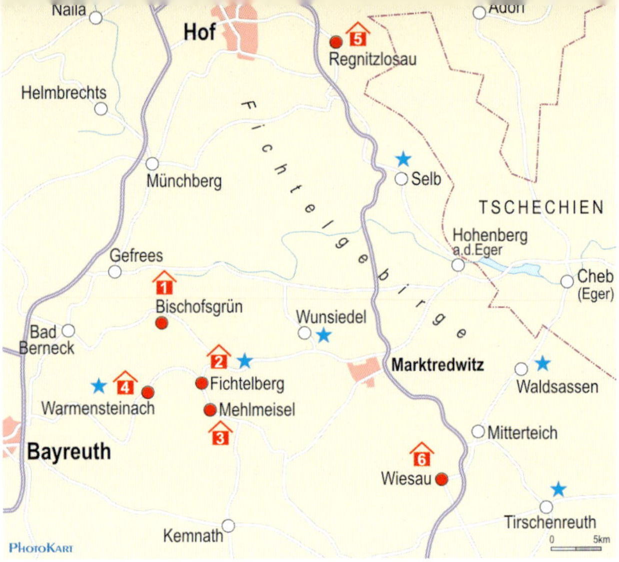

Köhlerei

Wie in den Alpen sorgte auch im Fichtelgebirge die Köhlerei für die Dezimierung der Waldbestände. Das Brennen von Holzkohle wurde erst unrentabel, als mit der Eisenbahn Braun- und Steinkohle als Energieträger herangeschafft werden konnte.
Der Aufbau eines Kohlenmeilers ist eine Kunst für sich. Um einen „Kamin" werden grob gespaltene Scheite aufgeschichtet und mit Dachsen, Graswasen und altem Kohlenlösch bedeckt. Während des etwa eine Woche dauernden Schwelbrands wird über Luftzufuhr durch Löcher die Temperatur geregelt.

Fichtelgebirge sind sie genannt,
Es ist mein liebes Heimatland.

Kennst Du die Flüsse, die hier ausgehn,
als Boten in alle vier Winde?
Zu laden alle, die draußen stehen:
Kommt her zu mir geschwinde!
Die Saale, die Eger, die Naab und der Main,
Ihr Ruf soll mir willkommen sein.

Fichtelgebirge, Du schöner Wald, Du bist mir der liebste von allen.
In Deinem Schatten am rauschenden Bach kann es mir wohl gefallen.
Möcht ich doch Deine lieblichen Höh'n
Immer und immerdar wiederseh'n.

Hartes Gebirgsleben

Bei aller Liebe zur Heimat, das Leben war beschwerlich im Fichtelgebirge, zumal im Weiler Grassemann auf über 700 Meter Höhe. In der Nähe des Gasthofs liegt ein Kleinbauernhof aus dem Jahr 1698, heute ist er ein Freilandmuseum. Alle Räume: Wohnung, Küche, Stall und Scheune ducken sich unter das tief herabgezogene Schindeldach. Das musste an Wohnkomfort genügen. Die Fichtelgebirgs-Bauern erwirtschafteten meist nur gerade soviel an Getreide, Gemüse, Fleisch und Milch, dass sie selbst davon leben konnten. Das Familienoberhaupt verdiente alles dazu, was sonst noch nötig war, als Berg- oder Waldarbeiter, oft auch als wandernder Schuster, Weber oder Musikant.

In der Scheune des Museums Grassemann zeigt eine Dauerausstellung, wie sich der Wald des Fichtelgebirges unter dem Einfluss der Menschen in den vergangenen 1000 Jahren verändert hat. Die Fichte zum Beispiel, die als Namensgeberin fungierte, ist erst um 1800 dominierend geworden, weil sie schnell die durch Raubbau geschlagenen Lücken füllte. Heute bemüht man sich, den früheren Berg-Mischwald aus Fichte, Tanne, Rotbuche und Ahorn wieder herzustellen.

Schon im frühen Mittelalter kamen, angelockt vom Honig der Wildbienen und der Aussicht auf sagenhafte Schätze, Siedler in das Talbecken zwischen Ochsenkopf, Königsheide und Kreuzstein. Es waren wohl gleichermaßen Slawen aus dem Osten wie Franken aus dem Westen.

In der Volksüberlieferung hält sich auch hartnäckig die Mär von Norditalienern, „Venediger" oder „Walen" genannt, die mit dem Bergbau in der Gegend begonnen haben sollen.

Köhler bei der Arbeit und beim Philosophieren

Feuer und Wasser

Mit der Geographie war es im ausgehenden Mittelalter noch nicht so weit her. Den Fichtelsee am Fuß von Ochsenkopf und Schneeberg hat Matthias von Kemnath, Chronist und Professor zu Heidelberg, im Jahr 1476 zum ersten Mal beschrieben. Sein Irrtum, der Fichtelsee sei die europäische Wasserscheide, machten diesen zu einem sagenhaften Ort. Was Kemnath sah, war wohl ursprünglich ein Hochmoor, dessen Wasser man bereits frühzeitig als Energiequelle für Eisenschmieden nutzte. Man zog Gräben, man baute Wälle, um nutzbare Mühlweiher zu gewinnen.

So wuchs das Moor durch die Jahrhunderte langsam zum See – immer wieder vom Austrocknen bedroht. Erst vor 20 Jahren fand diese Geschichte ihr Ende. Als der alte Damm aus Erde und Steinen wieder einmal löchrig war, beschloss man, diesmal Nägel mit Köpfen zu machen. 300 Meter unterhalb des Damms entstand zwischen 1983 und 1986 eine neue Talsperre nach den Regeln heutiger Baukunst. Der Fichtelsee wuchs um mehr als das Doppelte auf elf Hektar Wasserfläche an und ist heute ein Paradies für Schwimmer, Bootsfahrer und im Winter auch für Schlittschuhläufer. Der alte Damm übrigens blieb bestehen. Auf ihm quert ein Wanderweg den See – man kann hier fast wie Jesus über das Wasser wandeln.

Neben Wasserkraft brauchten die Erzschmelzen und Eisenschmieden noch etwas: Kohle, die hohe Temperaturen erzeugte und eine gleichmäßige Glut garantierte. Überall in den Wäldern des Fichtelgebirges rauchten deshalb die Meiler. Rund 150 Festmeter verschlangen die größten dieser Hügel, in denen – mit Erde und Kohlenlösch abgedeckt – das Holz zur Kohle verschwelte. Eine Woche oder mehr dauerte es, bis dann ein Viertel der Holzmasse als Kohle übrig blieb. Als Nebenprodukte wurden Pech und Teer gewonnen.

Wirtshaus Grassemann 4
Grassemann 4
95485 Warmensteinach
Tel.: 09277–1302

Wirtschaft auf halber Höhe des Ochsenkopfs. Gerühmt wird von den Stammgästen die Kochkunst und die herzliche Art der Wirtin Sigrid Reichenberger.

Gasthof/Landhotel Raitschin 5
Raitschin 4
95194 Regnitzlosau
Tel.: 09294–286
www.raitschin.de

Holzgetäfelte Gaststube, Biergarten, Spielplatz, rundherum grüne Wiesen – alles da!

Fischerstüberl Bächer 6
Muckenthal 4
95676 Wiesau
Tel.: 09634–536

Geheimtipp – leider nur in Monaten mit einem „r“ und da auch nur am Freitag- und Samstagabend. Aber dann heißt's für Karpfenliebhaber: zuschlagen!

Kloster Waldsassen

Die Köhlerei war nicht nur eine rußige, sondern auch eine gefährliche Angelegenheit. Erlosch die Glut, war alle Mühe umsonst, stieg die Temperatur zu hoch, drohten Waldbrände. So verfügte 1491 der Landeshofmeister Hans von Seyb nach einer Besichtigung der Wälder rund um Selb: Wer einen Feuerschaden anrichtet, „der soll ohne alle Gnade an seinem Leibe und seinem Gut gestraft werden nach Gefallen der Herrschaft". In der Häuselloh vor den Toren der Porzellanstadt Selb wird alljährlich an diese Zeiten erinnert. Beim Meilerfest Anfang Juni wird noch wie früher der Holzstoß entzündet. Ein Volksfest ist das mit Speis und Trank. Gezeigt werden auch alte Handwerkskünste, die wie die Köhlerei längst der Vergangenheit angehören.

Böhmische Einflüsse

Nördlich von Selb bildet der äußerste Zipfel des Fichtelgebirges das „Dreiländereck", die Grenze zu Sachsen und Böhmen. Wenn aber fränkische und böhmische Küche zusammentreffen, kann nur etwas Gutes herauskommen. Das Gasthaus Raitschin bei Regnitzlosau ist so ein Ort deftiger Tafelfreuden. Hier wird die Gansbrust erst mit Wurzelgemüse in Brühe gekocht, ehe man sie ins Rohr steckt. Das Ergebnis ist ein wunderbar zartes Fleisch mit einer herrlichen Kruste.

Der böhmische Einfluss macht sich auch in der Kunst bemerkbar. Sein schönstes Erbe ist das Kloster Waldsassen, nur zehn Kilometer vom tschechischen

Kurfürst Maximilian I.

Der bayerische Kurfürst Maximilian I. (1597–1651) war der führende Kopf auf katholischer Seite im Dreißigjährigen Krieg. Er hatte maßgeblichen Anteil am Restitutionsedikt (1629), das den deutschen Protestantismus zu vernichten drohte.

Ab 1628 – mitten im Krieg also – begann er mit der Rekatholisierung der protestantisch gewordenen Oberpfalz. In diesem Zusammenhang ist die Wiedereinsetzung des Klosters Waldsassen zu sehen. 1651, kurz vor Maximilians Tod, erhielten die Zisterzienser dafür seine endgültige Zustimmung.

Eger entfernt. Böhmen und Franken, Bayern und Italiener haben hier zusammen gearbeitet. Die uralte Zisterzienserabtei war im Gefolge der Reformation 1556 aufgegeben worden, bis fast 100 Jahre später die Mönche des oberbayerischen Klosters Fürstenfeld Kurfürst Maximilian um die marode Immobilie baten.

Der glanzvolle Wiederaufbau wurde zu einem Juwel des Barock, zum geistigen und kulturellen Zentrum. Der Prager Architekt Abraham Leuthner und die Brüder Dientzenhofer zeichneten für den Bau verantwortlich. Den Stuck schuf Giovanni Carlone, der sich schon mit der Ausstattung des Passauer Doms einen Namen gemacht hatte.

Weltberühmt ist vor allem die Stiftsbibliothek mit ihrem umlaufenden Balkon, der von zehn fast lebensgroßen Figuren gestützt wird. Sie stammen vom Waldsassener Bildhauer Karl Stilp, der im benachbarten Eger eine Werkstatt unterhielt. In drastischer Mimik symbolisieren sie die menschlichen Laster.

Sich selbst porträtierte der Künstler als Sinnbild von Rebellion und Auflehnung. Die anderen Skulpturen zeigen Arroganz und Eitelkeit, Prahlerei und Dummheit, Hochmut und Heuchelei, Neugier und Verschlagenheit.

Ein groteskes Panoptikum ist auch der Deckenschmuck. Das „Biermännlein“ feiert bei Speis und Trank. Das „Weinmännlein“ verspundet ein Fass. Sogar ein Schlangenbeschwörer mit Flöte und Natter ist abgebildet.

Neben Kunst und Wissenschaft waren die Mönche auch weltlichen Genüssen nicht abgeneigt. Rund 170 Fischteiche nannte das Kloster Waldsassen im 17. Jahrhundert sein Eigen. Diese Perlenkette kleiner Seen zieht sich heute noch hinunter bis nach Wiesau. Zahlreiche Fischbauern ließen sich hier nieder. Solche Fischbauern sind zum Beispiel die Bächers, die im Ortsteil Muckenthal neben der Karpfenzucht auch ein Fischerstüberl betreiben.

Über die fränkisch-oberpfälzischen Karpfenspezialitäten hat sich 1835 anlässlich einer Reise durch die Gegend schon der Feinschmecker Heinrich Fürst Pückler-Muskau vorteilhaft geäußert: „Es sind in der Tat keine andern Karpfen mit den hiesigen zu vergleichen, welches dem Umstande zugeschrieben wird, dass sie in so frischem Wasser leben und sich mit jungen Forellen mästen.“

Das mit den Forellen lassen wir einmal dahingestellt – möglicherweise wurde dem Fürsten etwas Fischerlatein erzählt. An der Grundaussage aber zweifeln wir nicht, seit wir im Fischerstüberl den Karpfen in Bierteig von Elsa Bächer probiert haben.

Karpfen

3500 Tonnen der insgesamt 6000 Tonnen Karpfen, die jährlich in Deutschland verspeist werden, kommen aus Franken. Damit ist die Region der wichtigste Lieferant dieses beliebten Speisefisches in Deutschland und das größte Zuchtgebiet in Mitteleuropa.

Dabei stammt der Karpfen ursprünglich nicht aus Europa, sondern aus Asien. Erst die Römer führten den Friedfisch in unseren Gewässern ein.

Die heute gängigsten Zuchtformen sind der Schuppenkarpfen, Spiegelkarpfen, Lederkarpfen, Zeilkarpfen und der Koi-Karpfen.

Karpfenfilet in Bierteig mit Kartoffelsalat

2 Personen

Karpfenfilets:

- 2 Karpfenfilets à 200 g
- Zitronensaft
- Salz, Pfeffer
- 1 Ei
- 3 EL Mehl
- Paprika edelsüß
- 200 ml Weißbier
- Pflanzenöl

Kartoffelsalat:

- 500 g Kartoffeln (fest kochend)
- 125 ml Gemüsebrühe
- 5 EL Essig
- 1 EL Olivenöl
- 1 TL Dijon-Senf
- Salz, Pfeffer
- 1 rote Zwiebel, fein gehackt (oder 2–3 Schalotten)

Karpfenfilet:

Die Karpfenfilets auf beiden Seiten mit einem Spritzer Zitronensaft beträufeln, salzen und pfeffern.

Das Ei trennen, das Eiweiß steif schlagen. Eigelb mit Mehl, Paprika und Weißbier verschlagen; den Eischnee unterheben.

Die Karpfenfilets im Bierteig wenden und in der Bratpfanne in heißem Pflanzenöl auf jeder Seite ca. 7 Minuten ausbraten.

Kartoffelsalat:

Kartoffeln bissfest kochen, schälen und in Scheiben schneiden.

Die heiße Gemüsebrühe mit Essig, Öl, Dijon-Senf gut vermengen und mit Salz und Pfeffer abschmecken.

Die geschnittenen Kartoffeln in die Marinade geben, abdecken und ca. 2–3 Stunden im Kühlschrank ziehen lassen.

Vor dem Servieren die gehackte Zwiebel unterheben.

Rezept:

Fischerstüberl Bächer, Wiesau

Romantisches Franken

Es gibt Gegenden, die liegen irgendwie „dazwischen" – das sind oft die spannendsten: zum Beispiel zwischen Rothenburg ob der Tauber und der fränkischen Kapitale Nürnberg; zwischen dem Altmühltal und den Weinbergen am Main. Tourismusmanager haben möglicherweise ein Problem mit der geographischen Zuordnung und nennen diese Gegend „Romantisches Franken". Romantisch? Aber ja doch! Hier steht in Ansbach eine der prächtigsten Barock-Residenzen Deutschlands. Hier spielt der mysteriöseste Kriminalfall des 19. Jahrhunderts, die Ermordung des Findelkinds Kaspar Hauser. Hier ruhen in einer Klostergruft die Herrscher Frankens. Störche wohnen auf mittelalterlichen Tortürmen, Feinschmecker speisen im Rittersaal, Schwalbenschwanz und Knabenkraut erfreuen sich der Stille des Naturparks Frankenhöhe. Auch gestandene fränkische Wirtschaften und altes Handwerk haben hier noch ihr Reservat. Nur hinein mit uns, ins „Romantische Franken".

Absolutistische Pracht

An Selbstbewusstsein und dem Willen zur Selbstdarstellung fehlte es den fränkischen Hohenzollern nie. Schon unter Markgraf Albrecht Achilles im 15. Jahrhundert galt Ansbach als eine der glänzendsten Residenzen des Reiches. Doch so richtig los ging es erst 250 Jahre später. Von der gotischen Wasserburg und dem vergleichsweise schlichten Renaissancepalast blieb kaum mehr etwas übrig. Der barocke Absolutismus entfaltete seine ganze Pracht. Hofbaumeister Gabriel de Gabrieli musste an nichts sparen und orientierte sich an Vorbildern in Italien und Wien. Nachfolger Karl Friedrich von Zocha sattelte im französischen Stil noch eins drauf. Der aus Stuttgart abgeworbene Italiener Leopoldo Retti gab dem Ganzen den letzten Schliff. Vier Flügel mit einer Prunkfassade umschließen den prächtigen Innenhof des Stadtschlosses.

Einen Nachteil hatte die Sache allerdings. Es fehlte ein direkt anschließender Hofgarten. Man baute ihn auf der anderen Straßenseite, mit einem eigenen Schlösschen, der Orangerie. Der Park im französischen Stil hatte bescheidenere Vorgänger. Hier wirkte bereits einer der Leibärzte Markgraf Georg des Frommen im 16. Jahrhundert, Leonhard Fuchs, der ein großer Garten-Fan war. Nach ihm ist unsere Fuchsie benannt. Und mitten im Dreißigjährigen Krieg – im Jahre 1627 – brachte man hier erstmals in Deutschland eine Agave zum Blühen.

Aber was nützt das schönste Schloss samt Garten, wenn man nicht damit protzen kann? So wurde 1743 Preußenkönig Friedrich der Große eingeladen, der Bruder der Markgräfin. Sein Besuch liefert die historische Rahmenhandlung für das Rokokofest, das Anfang Juli drei Tage lang in Ansbach gefeiert wird. Mit Salutschüssen und Marschmusik werden der König und seine Gemahlin Elisabeth Christine empfangen. Anderntags wartet im Hofgarten ein sommerliches Maskenfest. Eine „große Feldmusik mit Parade der Markgräflichen Haustruppen“ im Innenhof der Residenz füllt nach dem Gottesdienst den Sonntagvormittag, ehe der Tag mit allerlei Gaukelei und Erlustigungen im Hofgarten ausklingt. Ein Barockfeuerwerk zu Händels Feuerwerksmusik beendet das Rokokofest.

Kriegerische Putten in Ansbach

Maskerade, Kavallerie und …

Mysteriöser Mord

Der Hofgarten war allerdings auch Schauplatz einer schaurigen Bluttat, die ganz Europa erschütterte. In seinen Mantel gehüllt stapfte am 14. Dezember 1833 Kaspar Hauser durch den Schnee. Ein Mordbube schlich sich von hinten an und stach mehrmals zu. Der junge Mann starb wenige Tage später. „Hic occultus occulto occisus est“ steht lateinisch auf dem Gedenkstein im Garten – hier wurde ein Unbekannter auf unbekannte Weise ermordet. Der halbwüchsige Junge war fünf Jahre vorher in Nürnberg aufgetaucht, konnte kaum aufrecht gehen und sprechen. Bei der Frage nach seinem Namen kritzelte er mühsam „Kaspar Hauser“ aufs Papier. Man nahm an, er sei jahrelang bei Wasser und Brot eingesperrt gewesen und wohl fürstlichen Geblüts.

Der Fall erregte europaweit Aufsehen. Ein englischer Lord bot sich als Pflegevater an und verschwand wieder. 1829 entkam Hauser knapp einem Mordanschlag und wurde ins „sichere“ Ansbach gebracht, wo er bei dem Lehrer Johann Meyer glückliche Jahre verbrachte und am 17. Dezember 1833 starb. Trotz Gen-Analyse ist das Rätsel um Hausers Herkunft nicht geklärt. Sie bestärkte die Vermutung, er könne der Erbprinz des Großherzogs von Baden gewesen sein, dessen Stammhalter 18 Tage nach der Geburt angeblich an „Stickfluss“ starb. Doch letzte Gewissheit gibt es nicht.

Bei einem Spaziergang durch die Ansbacher Altstadt kann man Kaspar Hausers Spuren folgen. Er

Hofgarten mit Orangerie

Vom Schloss durch die Straße nach Nürnberg getrennt liegt der Hofgarten. Man hat ihm deshalb mit der Orangerie einen eigenen Schwerpunkt gegeben. Die beiden Fassaden ahmen französische Vorbilder nach: Grand Trianon in Versailles und den Louvre.
Im barock gestalteten Hofgarten markiert ein Gedenkstein die Stelle, an der Kaspar Hauser ermordet wurde.
Sehenswert ist direkt neben dem Hofgarten der Rosen- und Kräutergarten mit Pflanzen aus dem „New Kreuterbuch“ von Leonhard Fuchs. Dieser „Vater der Botanik“ war Leibarzt des Markgrafen. Die beiden Gärten sind allgemein zugänglich.
In der Orangerie befindet sich ein Café-Restaurant mit Terrasse.

...Tanz auf dem Rokokofest

beginnt am Markgrafen-Museum, das sich dem berühmten Unbekannten ausführlich widmet, und endet am Friedhof. Man lernt dabei die wunderschönen Barockhäuser kennen, die auch das „bürgerliche" Ansbach zieren.

Die „gute Stube" der Markgrafenstadt gilt als Musterbeispiel einer gelungenen Altstadtsanierung. Zu ihr zählt auch das sehr stilsicher renovierte Gasthaus Kronacher mit seinen gemütlichen Stuben. Hier kann man sich entspannen von so viel Kunst und Schauergeschichten. Beispielsweise bei einem Frankensteak – aber nicht „blutig", sondern gut durchgebraten. Dazu serviert der Küchenchef und Besitzer Jürgen Knöchel ein Dorschengemüse. Steckrüben verbergen sich hinter diesem fränkischen Namen.

Umkämpftes Heilwasser

Bleiben wir noch ein bisschen bei den Ansbacher Grafen, die wir schon beim Rokokofest kennen gelernt haben. Denn mit ihnen ging es bald nach ihrer Glanzzeit zu Ende. Carl Wilhelm, wegen seiner Wutausbrüche auch der „wilde Markgraf" genannt, verstritt sich mit seinem Schwager, dem Preußenkönig, und starb mit 45 Jahren. Seinem Sohn Carl Alexander hinterließ er einen riesigen Schuldenberg, den dieser unter anderem dadurch abtrug, dass er Ansbacher Truppen an Großbritannien vermietete. So kämpften wackere Franken vier Jahre lang auf Seiten der Engländer im amerikanischen Freiheitskrieg, ehe sie 1781 bei Yorktown geschlagen wurden.

Gasthaus Kronacher 1
Kronacherstraße 1
91522 Ansbach
Tel.: 0981–9777890
www.gasthaus-kronacher.de

Traditionsgaststätte in der Altstadt. Gekocht wird fränkisch, aber auf die leichte Art mit frischem Gemüse sowie Lamm und Rind aus der Region.

Waldgasthof Wildbad 2
Wildbad 1–3
91593 Burgbernheim
Tel.: 09843–1321
www.waldgasthof-wildbad.de

Schlossartiger Fachwerkbau inmitten von herrlichem Mischwald. Bach und Wald liefern der feinen Küche die Zutaten: Bärlauchsuppe, Forelle, Wild.

So pleite war der Markgraf Carl Alexander aber nun wieder nicht, dass er sich nicht mit den Bürgern des Dorfs Burgbernheim ein kleines Scharmützel geleistet hätte. Mit dem Heilwasser des dortigen Wildbads kurten schon die Ahnen des Grafen, weshalb er von der Gemeinde verlangte, ihm das Bad samt den Gebäuden zu schenken. Die Burgbernheimer lehnten diesen Rückfall ins Raubrittertum ab und der erboste Carl Alexander baute sich stattdessen in der Nähe ein Jagdschlösschen. Oft ist er dort nicht mehr gewesen. Der letzte Ansbacher Markgraf dankte 1791 unter dem Einfluss seiner englischen Geliebten, Lady Elisabeth Craven, ab und übergab die Herrschaft den preußischen Verwandten.

Gustav Weißkopf

Der Flugpionier wurde 1874 in Leutershausen an der oberen Altmühl geboren. Früh Waise geworden, fuhr Weißkopf mehrere Jahre als Schiffsschlosser zur See, ehe er 1895 in den USA sesshaft wurde. Dort baute und flog er für die „Boston Aeronautical Society" Segelflugzeuge.

Sein erstes Motorflugzeug setzte der Flugzeugbauer 1899 gegen eine Hausmauer. Im August 1901 aber klappte es. Er flog mit Motorkraft eine halbe Meile.

Weißkopf starb 1927. Die erste Atlantiküberquerung von Charles Lindbergh hat er noch mitverfolgt.

Das Wildbad ist heute ein romantisches Landhotel inmitten eines prächtigen Mischwalds des Naturparks Frankenhöhe. In den beiden denkmalgeschützten Fachwerkhäusern, verbunden durch eine hölzerne Galerie, lässt es sich heute angenehm wohnen und bestens speisen – mit dem guten Gefühl, dass man sozusagen dem letzten Markgrafen und seiner Lady dieses Kleinod vor der Nase weggeschnappt hat. Wie wäre es zum Beispiel mit einer vorzüglichen Bärlauchsuppe?

Vom Torturm zum Storchenturm

Die Frankenhöhe ist so hoch nun wiederum nicht: knapp 300 Meter an ihrem tiefsten Punkt und gut 500 an ihrem höchsten. Die Altmühl, die hier bei Burgbernheim entspringt, macht sich deshalb von Anfang an ziemlich gemütlich auf ihren knapp 200 Kilometer langen Weg zur Donau. Dennoch, die Hügelkette dieses Naturparks grenzt das „Romantische Franken" doch deutlich von den Schwaben im Westen, den Mainfranken im Norden und dem Ballungsraum Nürnberg-Fürth im Osten ab.

Im Naturpark leben nur 65 000 Menschen auf 1100 Quadratkilometern. Da bleibt viel Platz für Flora und Fauna. Experten schätzen, dass fast 30 000 Tierarten auf der Frankenhöhe eine Heimat haben, alles eingeschlossen, was da kreucht und fleucht: Insekten, Käfer, Schmetterlinge und Amphibien. Aber auch rund 80 Vogelarten finden hier noch geschützte Brutplätze und ein ausreichendes Nahrungsangebot. So freuen sich die Bürger des mittelalterlichen Städtchens Herrieden am Oberlauf der Altmühl alljährlich über die Wiederkehr der Störche, die auf ihrem Torturm nisten. Seit Jahrhunderten bezieht Meister Adebar samt Gattin hier sein Stammquartier, sodass dieses Bauwerk längst nur noch „Storchenturm" genannt wird.

Traditionelles Handwerk: Holzkamm-Macher Familie Kost

Allerdings hat auch die Nutzung durch den Menschen die Landschaft der Frankenhöhe geprägt. „Blaublühendes Schäferland“ wird sie in mittelalterlichen Chroniken genannt. Blau, das war die Blütenfarbe des Flachses, der früher zusammen mit Wolle die einzige Faser für Stoffe lieferte. Das Blau ist heute dem Gelb der Rapsfelder gewichen. Nur gute Böden waren für den Anbau geeignet. Ebenso oft trifft man auf Sandstein oder Kalk mit Magerwiesen, die Blumen und Kräutern genügend Licht und Luft lassen. Aber nur, wenn der Strauchbewuchs niedrig gehalten wird. Dafür sorgen die Schafherden, die von Wanderschäfern über die Weiden getrieben werden und dieses typische Landschaftsbild erhalten.

Traditionelles Handwerk

Platz ist hier auch für altes Handwerk. In der Töpferei Seiler in Leutershausen wird noch der traditionelle Schäfertopf hergestellt, ein Tongefäß mit Tragebügel, in dem man das Essen mit aufs Feld nehmen konnte. Die Töpferfamilie kam nach dem Krieg aus Schlesien nach Mittelfranken und brachte Formen und Muster der berühmten Bunzlauer Keramik an die Altmühl. Eine Spezialität der Töpferei sind die erhabenen Engoben-Verzierungen. Dabei werden eingefärbte Tonschlämme zu Blumen und Girlanden aufgespritzt.

Wer das malerische Leutershausen besucht, sollte auch im Gustav-Weißkopf-Museum vorbeischauen. Der Flugpionier wurde 1874 hier geboren und wanderte nach Amerika aus. In Fairfield/Connecticut gelang ihm 1901 – zweieinhalb Jahre vor den Gebrüdern Wright – der erste Motorflug.

Streuobstwiesen mit Kirsch- und Apfelbäumen gehören ebenso wie die Schafheiden zur Frankenhöhe. Sie liefern das Material für den letzten Holzkamm-Macher Deutschlands. Martin Kost in Windelsbach kann die Kamm-Macher-Tradition seiner Familie bis ins Jahr 1848 zurückverfolgen. Durch das Vordringen des Kunststoffs starb sein Handwerk fast völlig aus. Dabei haben seine Kämme erhebliche Vorteile, sagt der Meister. Holz lädt das Haar nicht elektrostatisch auf. Die von Hand zugeschliffenen

★ Markgräfliche Residenz Ansbach

Die Residenz schließt direkt an die Altstadt und den Hofgarten an. Man kann alle Sehenswürdigkeiten Ansbachs gut zu Fuß erreichen. Im Schloss sind 27 Prunkräume zu besichtigen, den Rest der vier Flügel belegt die Regierung von Mittelfranken. Im Eingangsbereich sieht man noch den ältesten Bauteil, die gotische Halle, im Obergeschoss sind die Höhepunkte der barocke Festsaal, das Spiegelkabinett und ein ganz mit Fayencen gekachelter Raum.
Besichtigung mit Führung täglich außer Montag, im Winter letzte Führung um 15 Uhr.

Info: www.schloesser-bayern.de

★ Ansbacher Altstadt

Der Spaziergang durch die Altstadt mit ihren Fachwerkhäusern und prächtigen Barockfassaden ist in Ansbach ein Muss. Besonders sehenswert sind die St. Gumbertus-Kirche mit der spätgotischen Schwanenritter-Kapelle und die barocke Synagoge, ein Werk des Barockbaumeisters Leopoldo Retti, der auch die Residenz vollendet hat. Die Synagoge ist allerdings nur im Rahmen einer Stadtführung zu besichtigen.

Informationen: Amt für Kultur und Touristik, Johann-Sebastian-Bach-Platz 1, 91522 Ansbach, Tel.: 0981–51243, www.ansbach.de

★ Kaspar Hauser

Wer alles ganz genau wissen will über diesen tragischen Kriminalfall des 19. Jahrhunderts, ist im Markgrafen-Museum am rechten Platz. Hier findet man unter anderem den Dolch, mit dem Kaspar gemeuchelt wurde, eine Haarlocke und die Taschenuhr, die er getragen hat. Ausführlich wird über die rätselhafte Herkunft Hausers informiert und über die Gen-Analyse im Jahr 1996, die das Rätsel lösen sollte. Vom Museum führt dann ein markierter Hauser-Weg durch die Stadt, unter anderem zum Palais seines väterlichen Freundes Anselm von Feuerbach, der im selben Jahr wie Hauser ermordet wurde.
Das Museum ist täglich geöffnet von 10–17 Uhr (im Winter montags geschlossen).

Adresse: Kaspar-Hauser-Platz 1, 91522 Ansbach, Tel.: 0981–9775056, www.ansbach.de

★ Rokoko-Festspiele

Die Ansbacher Rokoko-Festspiele finden in jedem Jahr Anfang Juli im Hofgarten und im Innenhof der Residenz statt. Paraden, Umzüge, Maskenbälle, Konzerte und Gartenfeste in den prächtigen Uniformen und Kostümen der Markgrafenzeit vermitteln ein authentisches, aber auch sehr unterhaltsames Bild dieser glanzvollen Epoche. Insbesondere die Feste im Hofgarten sind schnell ausverkauft, weshalb rechtzeitige Kartenreservierung beim Amt für Kultur und Touristik (siehe „Ansbacher Altstadt“) empfohlen wird.

Informationen: www.rokoko-festspiele.de

★ Naturpark Frankenhöhe

Der Reiz des Naturparks Frankenhöhe besteht in der Vielfalt seiner Landschaftsformen. Die Uferregion der jungen Altmühl – Hügel mit lichtem Mischwald, Magerwiesen mit seltenen Blumen und Tieren – wechselt ab mit kleinteiliger Landwirtschaft und Streuobstwiesen.

Eine Einführung gibt die Ausstellung im Informationszentrum Frankenhöhe, Am Kirchberg 4, 91598 Colmberg, Tel.: 09803–94141.

Im selben Haus befindet sich auch der Tourismusverband Romantisches Franken. Er informiert unter anderem über den Jakobsweg von Nürnberg nach Rothenburg, der diese Region durchzieht.

Info: www.romantisches-franken.de

★ Flugpionier-Gustav-Weißkopf-Museum

Zwei Amerikaner regten das Museum über den Flugpionier Gustav Weißkopf in seiner Heimatstadt an. Anhand von Modellen, Fotos, Büchern, Filmen und anderen Dokumenten wird dem Besucher die Leistung Weißkopfs eindrucksvoll erläutert.

Info und Öffnungszeiten: www.leutershausen.de

★ Handwerk

Die Töpferei Seiler in Leutershausen fertigt formschönes Gebrauchsgeschirr, das auch modernen Anforderungen (Spülmaschine, Mikrowelle) standhält. Im Sommer gibt es auch Töpferkurse.

Adresse: Bahnhofstraße 18,
91578 Leutershausen, Tel.: 09823–296.

Der Holzkamm-Macher Martin Kost ist im idyllischen Dorf Windelsbach nahe Rothenburg zu Hause.

Adresse: Rothenburger Straße 7,
91635 Windelsbach, Tel.: 09867–9513,
www.kostkamm.de

★ Münster Heilsbronn

Die ehemalige Klosterkirche Heilsbronn, heute evangelische Pfarrkirche, gibt einen interessanten Einblick in die Geschichte und die Kunstgeschichte des Frankenlands. Romanik und Gotik stehen hier direkt nebeneinander. Als Grablege der Hohenzollern und anderer Adelsgeschlechter wurde die Kirche reichhaltig ausgestattet. Neben den neun gotischen Altären sind vor allem die Hochgräber im Kirchenschiff und die Epitaphe an den Wänden interessant. Die Kirche ist im Sommerhalbjahr täglich geöffnet. Von Ostern bis Oktober finden an den Sonntagen um 13.30 Uhr Führungen statt.

Informationen: Evang.-Luth. Pfarramt, Pfarrgasse 8,
91560 Heilsbronn, Tel.: 09872–1297

und abgerundeten Zinken massieren sanft die Kopfhaut. Vor allem aber sind seine Kämme wunderschön anzusehende Kunstwerke mit ihrer matt polierten Holzmaserung.

Erkundungstour Frankenhöhe

Auf einem 511 Meter hohen Bergbuckel thront die Burg Colmberg, aus gutem Grund: man überblickt von hier das gesamte obere Altmühltal. Vermutlich stand hier schon zur Karolingerzeit eine Befestigung. Urkundlich fassbar wurde ihre Geschichte aber erst, als die Grafen von Truhendingen die Burg 1318 an die Nürnberger Hohenzollern verkauften. Sie blieb fränkischer Zollernbesitz, bis sie das Schicksal Ansbachs teilte: 1791 unter preußischer Verwaltung, ab 1806 bayerisch. Bis 1880 residierte hier das königlich bayerische Rentamt.

Heute ist Burg Colmberg ein sehr stimmungsvolles Schlosshotel mit einem romantischen Innenhof und historischen Räumen, in denen es sich bei Kerzenschein prächtig tafeln lässt. Die Schlossküche würde die alten Hohenzollern neidisch stimmen. Edle Wildspezialitäten werden aufgetischt, wie zum Beispiel ein rosa gebratener Rehrücken auf Traubensoße mit jungem Gemüse und Mandelbällchen.

Colmberg ist ein guter Ausgangspunkt für Wanderungen und naturkundliche oder kunsthistorische Entdeckungsreisen. Unten im Markt hat man das Informationszentrum Frankenhöhe eingerichtet. Dann geht es weiter zum 1000 Jahre alten Dorf Auerbach mit seiner Marienkirche und dem eindrucksvollen Dorfbrunnen. Mithilfe riesiger hölzerner Zahnräder wurde das kostbare Nass ans Tageslicht befördert. Nicht weit ist es von hier zur markanten „Kreuzeiche" bei Hürbel am Rangen. Der Überlieferung nach soll sie vom Mönch Gumbertus gepflanzt worden sein, der um 750 in Ansbach ein Kloster gründete. Über 800 Jahre ist der mächtige Baum auf jeden Fall alt, der seine Äste fast senkrecht – in Kreuzform – abstreckt. Mit dem europäischen Denkmalpreis „Europa Nostra" wurde das Dorf Häslabronn ein paar Kilometer westlich von Colmberg für die Erhaltung seines Ortsbilds ausgezeich-

Kreuzeiche und Dorf Häslabronn

net. 1288 wird dieses Dorf erstmals in einer Urkunde erwähnt. Und seither hat es sich kaum verändert. Ganze 30 Häslabronner wohnen in uralten Fachwerkhäusern, die sich um die Jakobskirche scharen.

Jakobspilger und christliche „Schlafkammer"

Sankt Jakob und die Pilgerschaft zu seinem Grab im fernen nordspanischen Santiago de Compostela spielten während des Mittelalters auch im Frankenland eine bedeutende Rolle. Wie überall in Bayern hat man den alten Pfad in Stand gesetzt und mit der stilisierten Jakobsmuschel beschildert. 80 Kilometer lang führt der europäische Weitwanderweg von Nürnberg nach Rothenburg ob der Tauber. Abseits der Städte schlängelt sich der Wanderweg durch eine ruhige Landschaft und berührt dabei unter anderem Häslabronn und Colmberg.

Eine der Stationen des Jakobswegs ist auch das Münster Heilsbronn auf halbem Weg zwischen Nürnberg und Ansbach. Das Zisterzienserkloster stand unter dem Schutz des Kaisers, der diese ehrenvolle und zuweilen auch lukrative Aufgabe der „Schirmvogtei" schließlich den Burggrafen in Nürnberg übertrug. Das Kloster gedieh unter deren Hand. Es war in fast 300 Dörfern begütert. Der schlichten, aber mit drei Schiffen und einem Querhaus imposanten romanischen Basilika folgten mehrere Anbauten: ein gotischer Hallenbau, die so genannte „Ritterkapelle", und schließlich noch ein hochgotisches, filigranes Mortuarium.

Der Name weist auf die Bedeutung hin, die das Gotteshaus ab dem 13. Jahrhundert gewann. Es wurde zur Grablege des mächtigen Hohenzollerngeschlechts erkoren. Der übrige Landadel folgte der Führungsmacht und wählte ebenfalls Heilsbronn als letzte Ruhestätte. So sind im Münster rund 500 Gräber zu finden. „Christliche Schlafkammer Frankens" nannte man die Kirche. Die Reformation tat dieser Tradition keinen Abbruch. Zwar führte 1529 Markgraf Georg der Fromme den evangelischen Glauben ein. Doch bis zum Dreißigjährigen Krieg ließen die Hohenzollern weiter ihre Toten in Heilsbronn bestatten.

Zisterzienser

Heilsbronn war wie Ebrach und Waldsassen ein Zisterzienser-Kloster. Der Orden hat seinen Ursprung im französischen Citeaux in Burgund und wuchs im 12. und 13. Jahrhundert zur bedeutendsten Mönchsgemeinschaft an. Zu verdanken war dies vor allem dem Heiligen Bernhard, dem Abt von Clairvaux. Die Zisterzienser wollten die Regeln des Heiligen Benedikt in ihrer ursprünglichen Reinheit befolgen. Sie lebten asketischer und wurden auch straffer geführt als die Benediktiner des Mittelalters. Diese Haltung drückte sich auch im Baustil aus. Kirchtürme waren verpönt und wurden durch einen kleinen Dachreiter auf der Vierung ersetzt.

Prunkgräber im Münster Heilsbronn

Schwanenritter-Orden

In Ansbach und Heilsbronn stoßen wir auf Spuren des Schwanenritter-Ordens, dessen deutschen Zweig Markgraf Albrecht Achilles im 15. Jahrhundert gegründet hat. Er wollte seine weltliche Herrschaft mit dem Amt des „Ordensgroßmeisters" im „untergebirgischen" Ansbach und im „obergebirgischen" Landesteil Kulmbach-Bayreuth festigen. Zeichen des Ordens war eine Gliederkette mit Symbolen: Premtzen (mittelalterliche Folterinstrumente) und Herzen sollten die Bereitschaft zur Kasteiung, zehn Glöckchen die Wachsamkeit und den Willen zu guten Werken ausdrücken. Der Schwan wird als Bild der Freiheit gedeutet. Ihn umwindet ein Tuch, das als Sinnbild der Reinheit galt.

Das Leben der Mönche freilich veränderte sich. Als evangelische Gemeinschaft versuchten sie zusammenzubleiben. Doch es gab keinen Nachwuchs mehr. 1578 starb der letzte Mönch und Abt. Die Markgrafen nutzten die Klostergebäude als „Fürstenschule" für den adeligen Nachwuchs. Bis 1736 studierten auch 100 Stipendiaten an diesem frühen Elite-Gymnasium.

Beeindruckend sind heute noch die drei Prunkgräber in der Mitte des romanischen Kirchenschiffs. Sie spiegeln drei Kunstepochen wider: Im ältesten, noch gotischen Sarkophag ruhte die 1513 verstorbene Kurfürstin Anna. Der Deckel zeigt sie in Witwentracht mit der goldenen Kette des Schwanenritter-Ordens und einem Rosenkranz. 1591 allerdings wurden ihre Gebeine in die Gruft übertragen, um hier Emilia, die Gattin Georgs des Frommen, beisetzen zu können.

Sparsam war auch Markgraf Georg Friedrich, der 1603 das Zeitliche segnete. Er ließ für sich das Hochgrab eines 237 Jahre zuvor verblichenen Urahnen im Stil der Renaissance erneuern. Markgraf Joachim Ernst (gestorben 1625), im letzten der drei Gräber, führt uns hinüber in die Zeit des Barock. Wegen des Dreißigjährigen Krieges konnte seine Grablege erst 1712 fertig gestellt werden. Adler tragen den Sarkophag, ein Engel mit Posaune verkündet seinen Nachruhm. Nun geht es nicht nur um die ewige Seligkeit, sondern auch um Prachtentfaltung im Diesseits.

Kirche und Küche

Nur ein paar Kilometer von Heilsbronn entfernt finden wir in Neuendettelsau die Kirche von heute in ihrer modernen Form der Wohlfahrtspflege. 1854 gründete der Pfarrer Wilhelm Löhe die Diakonissenanstalt „zum Dienst an den Unmündigen und Leidenden". Aus ihr ging das Missions- und Diakoniewerk der evangelisch-lutherischen Kirche hervor, das sich der Alten, Kranken und Behinderten annimmt und kirchliche Entwicklungshilfe leistet. Zusammen mit der theologischen Hochschule locken die Einrichtungen der Diakonie idealistische junge Menschen aus aller Welt hierher.

Auf fränkische Herzlichkeit und Gastfreundschaft treffen wir auch im Gasthaus zur Sonne in Neuendettelsau. Willi Bischof und seine Familie umsorgen jeden, der in der „Sonne" einkehrt. Uns hat der Wirt ein Kalbbries mit Spargelragout und Morchelsoße gekocht: der krönende Abschluss dieser Reise durch das „Romantische Franken".

Bärlauchsuppe

10 Personen

Zutaten:

70 g Butter
220 g Zwiebeln, gehackt
1 TL Pfefferkörner, zerdrückt
200 g Kartoffeln, rohblättrig geschnitten
100 g Mehl
80 g frischer Bärlauch, in Streifen geschnitten
80 g Mehl
2 l Gemüsebrühe
etwas Salz
400 ml frische Sahne
2–3 TL Bärlauchöl (= frischen Bärlauch mit etwas Salatöl im Mixer zerkleinern)

Ganitur:

200 ml Sahne, geschlagen
2 EL Bärlauch, gehackt

Zubereitung:

Zwiebeln in Butter glasig dünsten, Pfeffer und Kartoffeln dazugeben, mit 100 g Mehl leicht anschwitzen.

Den Bärlauch unterheben, gut durchrühren und ca. 1 Minute angehen lassen. 80 g Mehl dazugeben, vermengen und mit der kalten Gemüsebrühe ablöschen. Unter ständigem Rühren kurz aufkochen lassen und gut 20 Minuten leicht weiterköcheln lassen.

Die Suppe in einen anderen Topf abpassieren, mit Salz abschmecken und mit der Sahne verfeinern. Zum Schluss das Bärlauchöl hinzufügen.

Anrichten:

Auf die Suppe einen Kaffeelöffel geschlagene Sahne geben und mit fein gehacktem Bärlauch bestreuen. Gut dazu schmeckt ein fränkisches Mischbrot.

Rezept:
Waldgasthof Wildbad
in Burgbernheim

Altmühltal

Stellen wir die Zeit auf den Kopf. Der Urvogel Archäopteryx, vor 150 Millionen Jahren im Schlamm des heutigen Jurakalks versunken, setzt zum Gleitflug über das Altmühltal zwischen Eichstätt und Regensburg an. Vorbei an den Höhlen eiszeitlicher Jäger überfliegt er Keltenschanzen und ein Bajuwarengrab, umrundet den Limes und das römische Kastell bei Pfünz, grüßt die Greifvögel der mittelalterlichen Falknerei auf der Rosenburg, wundert sich über moderne Kreuzfahrtschiffe auf dem Main-Donau-Kanal und kehrt schließlich erschöpft wieder ins Solnhofener Fossilienmuseum zurück. In kaum einem Landstrich gibt es so viel zu entdecken wie im Altmühltal – auch kulinarisch: Kosten Sie mit uns den Getreidebrei und den Würzwein der römischen Legionäre, ein zartes Filet vom Altmühltaler Lamm oder einen köstlichen Schmorbraten vom Tafelspitz. Schmausen Sie in gotischen Fachwerkhäusern und in barocken Residenzen. Es ist angerichtet!

Blinde Passagiere

Seit über 20 Jahren gibt es durch den Main-Donau-Kanal einen Wasserweg von der Nordsee ins Schwarze Meer.

Wissenschaftler beobachten die ökologischen Folgen genau: Fische wie der Rapfen, der Zobel und der Blaubandbärbling sind in Rhein und Bodensee gelangt. Auch der Höckerflohkrebs folgte ihnen.

Entgegengesetzt, in Richtung Donau, fuhren – meist als blinde Passagiere am Schiffsboden – verschiedene Muscheln und Krebse, unter anderem auch die chinesische Wollhandkrabbe, die als problematisch für heimische Arten angesehen wird.

Archaischer Kulturboden

Alt und Neu begegnen sich im Altmühltal. Unübersehbar grüßt bei Kelheim an der Mündung des Flusses in die Donau die Befreiungshalle. Bayernkönig Ludwig I. ließ sie durch seine beiden Hofarchitekten Friedrich von Gärtner und Leo von Klenze errichten. Am 18. Oktober 1863 – dem 50. Jahrestag der Völkerschlacht von Leipzig – weihte man den monumentalen Rundbau feierlich ein. Die Truppen Napoleons waren damals vernichtend geschlagen worden. 34 Siegesgöttinnen symbolisierten die 34 Staaten, die das fremde Joch abgeschüttelt und sich zum „Deutschen Bund" zusammengeschlossen hatten. Die Befreiungshalle sollte aber auch eine Mahnung zum Frieden sein.

Der Michelsberg, auf dem die Befreiungshalle steht, ist uralter Kulturboden. Die Kelten hatten hier im 5. Jahrhundert vor Christus eine große befestigte Stadt errichtet. Weitere keltische Siedlungen zogen sich die Altmühl hinauf, in den Talkesseln von Dietfurt und Kipfenberg beispielsweise standen ebenfalls Dörfer.

Ein alter Traum wird wahr

Eine der größten Ingenieursleistungen unserer Zeit hat den Unterlauf der Altmühl tiefgreifend verändert: der Main-Donau-Kanal. Seit dem Jahr 1992 können Kreuzfahrtschiffe und Lastkähne von der Nordsee bei Rotterdam bis zum Schwarzen Meer schippern. Diese Überwindung der europäischen Wasserscheide war ein uralter Traum.

Schon Karl der Große wollte die beiden großen Ströme Europas, den Rhein und die Donau, mit einem schiffbaren Kanal verbinden – allerdings an einer ganz anderen Stelle. Zwischen Treuchtlingen und Weißenburg nähert sich die zum Main fließende Rezat der jungen Altmühl bis auf zwei Kilometer. Auch der Höhenunterschied ist mit zehn Metern gering. Man hätte ihn mit Rutschen und Seilwinden leicht überbrücken können.

Im Jahr 793 wurde mit dem Bau der „Fossa Carolina" – des „Karlsgrabens" – begonnen. Die Arbeiten standen unter keinem guten Stern. Anhaltende Regengüsse ließen das ausgehobene Erdreich einrutschen. Außerdem hatte der Kaiser noch andere Sorgen. Die Sachsen und die Sarazenen bedrohten die Grenzen seines riesigen Reiches. Übrig geblieben ist ein gut einen Kilometer langes und 30 Meter breites Gewässer – heute noch ein staunenswertes Relikt dieses kühnen Plans.

Ludwig I., der Erbauer der Befreiungshalle, griff den Gedanken wieder auf. Teilweise schon auf der heutigen Trasse wurde zwischen 1836 und 1846 der Ludwig-Kanal von Bamberg nach Kelheim errichtet. Seine Bedeutung blieb gering. Viele Schleusen, Wassermangel und geringe Breite schränkten die Nutzung erheblich ein. Nach Beschädigungen im 2. Weltkrieg wurde der Ludwig-Kanal endgültig nicht mehr befahren.

Im Jahr 1960 schlug die Geburtsstunde des jetzigen Kanals, der allerdings erst einmal nur bis Nürnberg führte. Beim Weiterbau ereignete sich 1979 ein

Falknerei Rosenburg

folgenschweres Unglück. Südlich von Nürnberg brach der Damm eines bereits gefluteten Teilstücks. 850 Millionen Liter Wasser rissen Häuser und Autos mit sich. Ein 12-jähriges Mädchen kam zu Tode.

Bayerisches Blut auf dem englischen Thron

34 Kilometer lang, von Dietfurt bis Kelheim, teilt sich der Kanal mit der Altmühl das Bett. Aus dem idyllischen Fluss ist eine europäische Wasserstraße geworden. Was die Naturschützer lange Zeit erregte, wird heute von Einheimischen und Feriengästen eher als Vorteil empfunden. Die Wunden der Landschaft sind längst vernarbt. Die Städtchen Beilngries, Dietfurt und Riedenburg sind heute beliebte Ziele von Ausflugsdampfern.

Main-Donau-Kanal

Der Main-Donau-Kanal ist 170 Kilometer lang, 55 Meter breit und vier Meter tief. Er überquert mit einer Brücke das Zenntal und überwindet mit 16 Schleusen 175 Höhenmeter. Mithilfe des Kanals wird bei hohem Stand der Donau deren Überschuss ins wasserarme Mittelfranken gelenkt.

Davon unabhängig wird Hochwasser der Altmühl über das neu geschaffene fränkische Seenland ebenfalls Richtung Main geschickt. Durch diese wasserwirtschaftliche Maßnahme entstand eine neue Naherholungs- und Ferienlandschaft.

In und um Riedenburg lässt das Mittelalter grüßen. Die schroffen Felsen des Altmühltals eigneten sich hervorragend für den Bau schwer angreifbarer Adelssitze, und so findet man hier eine erstaunliche Vielzahl von Burgen. Die Riedenburger Grafen gehörten zum altbayerischen Geschlecht der Babonen, das auch die Burggrafen in Regensburg stellte. Ein Riedenburger starb beim ersten Kreuzzug in Jerusalem, zwei andere waren bekannte Minnesänger. Ende des 12. Jahrhunderts erlosch die männliche Linie. Ahnenforscher ließ das nicht ruhen. Sie stellten fest, dass sich die Riedenburger über Mechthild, die Tochter des letzten Grafen, sehr wohl fortpflanzten. Auf dem Umweg über das Haus Sachsen-Coburg fließt Riedenburger Blut – wenn auch stark verdünnt – sogar in den Adern der englischen Königin.

Drei Rosen führten die Riedenburger im Wappen, und so kam auch die Rosenburg hoch über der Stadt zu ihrem Namen. Die Jagd mit Falken gehörte neben Turnier und Minnesang zu den beliebtesten Erlustigungen der alten Rittersleut. An diese Tradition knüpft der Falkenhof auf der Rosenburg an. Die Flugvorführungen mit Greifvögeln locken alljährlich tausende von Besuchern in den Burghof. In der Forschungs- und Artenschutzstation sind nicht nur Falken, sondern auch Adler und Geier, Bussarde und Eulen zu Hause.

Kastell Pfünz

Italien im Altmühltal

Ein ganz anderer Vogel ziert die Fassade des Gasthofs Gallus im nahen Beilngries. Siegfried Gallus heißt der Besitzer, auf Lateinisch heißt *gallus* aber auch „Hahn". Deshalb spreizt ein Gockel mit stolzem „Kikeriki" seine Federn. In Kochtopf und Bratpfanne bevorzugt der Wirt allerdings Altmühltaler Lamm. Auch in diesem Landstrich gibt es noch Wanderschäfer mit ihren Herden, die das typische Landschaftsbild des Altmühltals erhalten: die wiesenumsaumte Flussaue, die steilaufragenden Felsen und die mit Magerrasen bestandenen Hänge, auf denen die dunklen Säulen des Wacholders aufragen.

Der Wacholder ist den Schafen zu kratzig, die anderen Sträucher aber fressen sie ratzekahl ab, sodass sich Blumen und Wildkräuter ansiedeln können. Die wiederum machen das Fleisch der Altmühltaler Lämmer besonders aromatisch. Diesen köstlichen Geschmack weiß Siegfried Gallus zu erhalten und zu unterstreichen. Er hüllt sein Lammfilet „auf Saltimbocca-Art" in rohen Schinken und kann so auf alle anderen Gewürze verzichten. Auch sein Graupen-Risotto ist die raffinierte Abwandlung eines italienischen Klassikers.

Limes

Der Limes führte 440 Kilometer lang von Miltenberg am Main bis nach Regensburg. Der Grenzwall hielt zwischen den Jahren 98 und 233 dem Ansturm der Alemannen stand. Er wurde im Altmühltal mehrmals verstärkt und in seiner Linienführung verschoben.

Der Fall des Limes im Jahr 233 lässt sich durch einen Münzfund relativ genau datieren. Danach stabilisierte sich die Grenze jedoch wieder an den natürlichen Barrieren Donau und Rhein bis zum Ende des weströmischen Imperiums (476).

Die Römer am Limes

Die Liebe des Wirts zu Italien ist gar nicht so weit hergeholt. Überall im Altmühltal stößt man auf Spuren der Römer. Quer durch den Naturpark verläuft der Limes, der Schutzwall gegen die anstürmenden Barbaren. Ende des 1. Jahrhunderts nach Christus hatten die Römer die Grenze ihrer Provinz Raetien bis in die Gebiete nördlich der Donau vorgeschoben. Wachtürme entlang einer Heerstraße markierten diesen ersten Limes. Bei Gefahr konnten rasch Truppen benachrichtigt und an die Grenze geworfen werden.

In den folgenden 150 Jahren wurden die Wachtürme durch Wälle und Palisaden verbunden. Zuletzt verstärkte man den Limes zum richtigen Bollwerk. Eine drei Meter hohe Steinmauer, auch Teufelsmauer genannt, zog sich von Westen nach Osten. Zu den nun ebenfalls steinernen Wachtürmen kamen befestigte Tore und Kastelle, in denen die Soldaten hausten.

Es waren keine Römer, die man an den Limes schickte. Im Kastell Pfünz beispielsweise, ein paar Kilometer östlich von Eichstätt, tat eine Kohorte Breuker Dienst, 380 Fußsoldaten und 120 Reiter aus dem heutigen Bosnien. In Pfünz kann man sich ein gutes Bild vom Leben dieser Hilfstruppen machen. Ein Torturm und ein Eckturm wurden originalgetreu wieder aufgebaut – mit handbehauenen Kalkbruchsteinen, Torbögen aus Tuffstein und dem römischen Ziegeldach. In der Wachstube wartet ein Soldat in voller Rüstung.

Anno 183, im Markomannenkrieg, ging das Kastell das erste Mal in Flammen auf. Es wurde wieder aufgebaut, doch 50 Jahre später kam das endgültige Ende. Die anstürmenden Alemannen überrannten den Limes, offenbar ohne nennenswerte Gegenwehr. Der Angriff muss überraschend gewesen sein, wie die Ausgrabungen zeigen: Schilde standen an die Mauer gelehnt, Gefangene waren in der Arreststube angekettet.

Dennoch darf man sich die Zeit zwischen 90 und 233 nach Christus nicht als eine Art Dauer-Scharmützel vorstellen. Zwischen der römischen Provinz und den germanischen Stämmen wurde über den Limes hinweg lebhaft Handel getrieben. Gutshöfe im Hinterland versorgten die Garnisonen mit allem Nötigen. In der römischen Villa Rustica von Möckenlohe nahe Pfünz zeigen sich sogar Wohlstand und Komfort.

Ein Landwirt war 1963 hinter seinem neuen Aussiedlerhof auf die Mauerreste gestoßen. Luftbilder lieferten später präzise Grundrisse. Stein für Stein wurde das römische Bauernhaus wieder aufgebaut. Es hat eine Heißluftheizung und glatt verputztes Mauerwerk, eine repräsentative Halle, verglaste und durch Gitter geschützte Fenster.

In der römischen Küche

Um das Jahr 100 ist der Gutshof errichtet worden, wahrscheinlich von einem Veteranen, dem man nach seiner ehrenvollen Entlassung ein Stück Land schenkte. Angebaut wurde vor allem Getreide – alte und genügsame Sorten hauptsächlich, Emmer und Dinkel, Hafer und Gerste. Im Museum auf dem

Gutshof kann man noch die römische Handmühle sehen sowie die Töpfe aus Erz und der hartgebrannten Terra Sigillata.

Das damalige Gemüse findet man heute noch auf dem Wochenmarkt: Kohl, Karotten und Rüben, Zwiebeln, Knoblauch, Porree und Spargel, dazu Hülsenfrüchte wie Erbsen und dicke Bohnen. Auch die meisten Früchte kannte man damals schon: Äpfel, Birnen, Kirschen und Zwetschgen, die die Römer aus Vorderasien mitgebracht hatten. Eine römische Spezialität war auch der Kräutergarten. Schließlich stammen die meisten unserer Küchenkräuter aus den Mittelmeerländern.

Milch mochten die Römer eher nicht, die wurde gleich zu Käse verarbeitet. Doch Fleisch aßen sie gern. Deshalb gehört zur Villa Rustica auch ein Haustierzoo mit Tieren, die es schon vor 2000 Jahren gab: Wollschweine, langhornige Ziegen und Rinder sowie norwegische Fjordpferde, die sehr den römischen Pferden ähneln. Reliefs und Knochenfunde liefern uns ein recht anschauliches Bild, was damals auf einem Bauernhof kreuchte und fleuchte.

Und was wurde gekocht? Auch darüber wissen wir ganz gut Bescheid. Tagein, tagaus gab es für die Soldaten Puls, einen Getreidebrei, der mit Gemüse und Fleisch angereichert wurde; dazu aß man Fladenbrot.

Franken

„Francia" taucht erstmals auf einer spätrömischen Straßenkarte rechts des Niederrheins auf. Der Name umfasst ein Gemisch von Stämmen „die sich selbst bestimmen". In der Redewendung „frank und frei" ist diese Bedeutung noch erhalten.

Um 500 besiedelten die Franken den Mittelrhein (Frankfurt!) und den Untermain. Auf „-heim" endende Orte sind wohl Gründungen der Merowingerzeit, in der Ostfranken (orientales franci) als Bastion gegen Slawen und Awaren ausgebaut wurde.

Unter Karl dem Großen hatte das fränkische Reich seine größte Ausdehnung; bei seiner Kaiserkrönung im Jahre 800 war es das mächtigste Volk in Europa. Nach dem Tod seines Sohnes Ludwigs des Frommen wurde im Vertrag von Verdun (843) das Reich dreigeteilt.

Villa Rustica in Möckenlohe

Wenn der Feldherr zu Besuch kam, aß übrigens auch er davon, um seine Solidarität zu bekunden. Würzen konnte man sich Eintopf und Brot mit Moretum, einer Knoblauchpaste mit Gewürzen, Käse und Öl.

Der Dichter Vergil hat das Moretum offenbar geliebt – jedenfalls wird ihm ein Gedicht darüber zugeschrieben. Sein Kollege Horaz dagegen fand es ganz grässlich: „Es tobt mir im Eingeweide wie schieres Gift", schimpfte er. Sonderbar erscheint uns auch Garum, das Maggi der Römer. Es wurde aus vergorenen Fischen eingekocht.

Wenn im August in der Villa Rustica das Römerfest gefeiert wird, greift man allerdings zu bekömmlicheren Rezepten. Auf jeden Fall kann hinterher ein Conditum paradoxum, ein Honigwein mit vielerlei magenstärkenden Gewürzen, nicht schaden.

Vergangenheit im Kalk

Kehren wir in die Gegenwart zurück und im Domherrnhof zu Eichstätt ein. Hofbaudirektor Gabriel de Gabrieli hat ihn seinem adeligen Auftraggeber gebaut, ein Rokokopalais mit herrlichem Stuck. Die Küche von Rupert Waldmüller zeigt sich dieses Rahmens würdig. Uns hat er ein erlesenes Menü serviert: Spargelspitzen mit Frühlingsmorcheln, ein Lammkarree in Olivenkruste, als Dessert Erdbeeren und Rhabarber mit Weinschaum und Topfensoufflé.

Hotel Gasthof Gallus 1
Neumarkter Straße 25
92339 Beilngries
Tel.: 08461–247
www.hotel-gallus.de

Stilvolles Landhotel im Grünen. Vater und Sohn Gallus kochen für ihre Gäste Traditionsgerichte, modern abgewandelt.

Restaurant Domherrnhof 2
Domplatz 5
85072 Eichstätt
Tel.: 08421–6126
www.domherrnhof.de

Ein Rokokopalais vom Feinsten. Rupert Waldmüller macht den Besuch auch zu einem kulinarischen Erlebnis.

Hotel-Gasthof „Der Millipp" 3
Hauptstraße 9
92339 Beilngries
Tel.: 08461–1203
www.der.millipp.de

500 Jahre alt, seit zwölf Generationen familiengeführt. Mit eigener Metzgerei!

★ Ritterspiele Hexenagger

Was den Münchnern die Kaltenberger, sind den Mittelalterfans zwischen Nürnberg, Regensburg und Ingolstadt die Hexenagger Ritterspiele. Das Schloss liegt nahe Riedenburg in einem Seitental der Altmühl. Gefeiert wird drei Tage lang an einem Wochenende in der zweiten Julihälfte. Große Turniere, finstere Intrigen, Heerlager, Gaukeleien und historischer Markt gehören natürlich dazu.

Informationen:
Schloss Hexenagger Veranstaltungs-GmbH, Schlossbergstraße 6, 93336 Hexenagger, Tel.: 09442–918310, www.hexenagger.de

★ Falknerei Rosenburg

Die Rosenburg aus dem 12. Jahrhundert ist der Stammsitz der Grafen von Riedenburg, die drei Rosen im Wappen führten. An die mittelalterliche Falknerei knüpft die Forschungs- und Artenschutzstation an, die durch Nachzucht für die Erhaltung gefährdeter Greifvögel sorgt. Bei Flugvorführungen kann man bewundern, wie Greife ihre Beute (Attrappen) erjagen.

Der Falkenhof ist von Mitte März bis Ende Oktober täglich außer Montag von 9–17 Uhr geöffnet. Vorführungen sind um 11 und 15 Uhr.

Information: Falkenhof Rosenburg, 93339 Riedenburg, Tel.: 09442–2752, www.falkenhofrosenburg.de

★ Limes

Der Limes ist nach wie vor eines der wichtigsten Denkmäler, das die Römer nördlich der Alpen hinterlassen haben. Die Möglichkeiten seiner Erkundung sind zahlreich.

Informationen: Info-Zentrum Naturpark Altmühltal, Notre Dame 1, 85072 Eichstätt, Tel.: 08421–98760, www.naturpark-altmuehltal.de

★ Kastell Pfünz

Pfünz liegt östlich von Eichstätt. Die Römerburg mit 500 Mann Besatzung wurde um das Jahr 90 erbaut und sollte den Flussübergang der Heerstraße sichern. Vom rekonstruierten Nordtor führt ein Lehrpfad durch das Lager und das Lagerdorf. Auf Tafeln werden die Anlagen des Lagers erläutert und die Fundorte der Ausgrabungen erklärt.

Die Originale der wertvollen Funde sind im Museum für Ur- und Frühgeschichte auf der Willibaldsburg zu sehen. Ingolstädter Str. 32, 85072 Eichstätt, Tel. 08421–89450, www.museumfuerurundfruehgeschichte.de

Mit der Eintrittskarte kann auch das nahe gelegene Juramuseum (siehe Urvogel) besichtigt werden.

Villa Rustica

Die Villa Rustica – zu Deutsch Bauernhof – in Möckenlohe war vermutlich das Versorgungsgut für Pfünz. Der Gutshof wurde bis auf die Badeanlagen und Nebengebäude, die zwar dokumentiert, aber nicht ausgegraben sind, vollständig wieder aufgebaut. Mit Arbeitsgeräten, Garten und Haustierpark vermittelt er ein anschauliches Bild römischen Bauernlebens. Geöffnet ist die Villa (südlich von Eichstätt) von Palmsonntag bis Allerheiligen, werktags von 15–16 Uhr, am Samstag und Sonntag von 13–17 Uhr. Am dritten Wochenende im August wird ein Römerfest gefeiert.

Info: Tel. 08424–277, www.roemervilla-moeckenlohe.de

★ Römer- und Bajuwarenmuseum

In dem Museum erhalten die Besucher interessante Einblicke in die Frühgeschichte der Region. Der Fund eines alten Kriegergrabes bildet den Höhepunkt der Ausstellung.

Info: Burg, 85110 Kipfenberg, Tel.: 08465–905707, www.bajuwaren-kipfenberg.de

Geöffnet von April bis Oktober täglich, im Winter am Samstag, Sonn- und Feiertagen.

★ **Urvogel**

Versteinerte Exemplare des Urvogels Archäopteryx und weitere 150 Millionen Jahre alte Fossilien kann man auf der Eichstätter Willibaldsburg und in Solnhofen besichtigen.

Adressen und Info:
Juramuseum, Burgstraße 19, 85072 Eichstätt,
Tel.: 08421–2956, www.jura-museum.de

Bürgermeister-Müller-Museum, Bahnhofstraße 8, 91807 Solnhofen, Tel.: 09145–832030, www.solnhofen.de

★ **Leben der Jura-Bauern**

Wie das Leben der Bauern noch zum Beginn des 20. Jahrhunderts aussah, kann man im Jura-Bauernhofmuseum Hofstetten (östlich von Eichstätt) gut nachempfinden. Zu sehen sind unter anderem eine „Rußkuchl" mit offenem Kamin, der „Wurzgarten" mit Kräutern und Gemüse und eine Werkstatt, in der bäuerliche Arbeitsgeräte wie Dreschflegel, Rechen und Heugabeln selbst hergestellt und repariert wurden.

Info: Jura-Bauernhofmuseum, Schlossstrasse 19, 85122 Hofstetten, Tel.: 08406–310, www.jura-bauernhof-museum.de

Geöffnet Mitte April bis Mitte Oktober.

★ **Die letzte Mühle**

Die letzte noch laufende Mühle steht in Dietfurt, das durch sieben hier mündende Täler der wasserreichste Ort im Altmühltal ist. Die Rengnathmühle, heute Museum, lieferte 1897 auch den ersten Strom und versorgte bis 1950 den Ort mit Elektrizität.
Die Mühle ist ganzjährig täglich von 8–20 Uhr geöffnet. Führungen bei laufender Mühle gibt es um 10, 14 und 16 Uhr.

Info: Altmühltaler Mühlenmuseum, Hauptstraße 51, 92345 Dietfurt, Tel.: 08464–209, www.altmuehltalermuehle.de

Ritter in Hexenagger

Der Heilige Willibald hat hier im 8. Jahrhundert das Bistum gegründet und den ersten Dom gebaut. Und immer noch ist Eichstätt eine sehr kirchlich geprägte Stadt. Die einzige katholische Universität im deutschen Sprachraum steht hier. Der mächtige Dom birgt die Gebeine Willibalds. In der Klosterkirche St. Walburg ruht seine Schwester, die Heilige Walburga. Von einem Felsen blickt die Willibaldsburg auf die Stadt hinunter. Bis zum Dreißigjährigen Krieg war sie die Residenz der Eichstätter Bischöfe.

Hier ist heute das Juramuseum zu Hause, in dem ein Exemplar des Archäopteryx (griech. „alte Feder") ausgestellt wird. Insgesamt neun dieser im Meerschlamm versunkenen Urvögel kamen im Plattenkalk zwischen Eichstätt und Solnhofen ans Tageslicht.

Es begann 1860 mit dem Fund einer einzelnen Feder. Im Jahr darauf fand man ein komplett erhaltenes Skelett, das immer noch ein Glanzstück des Britischen Museums für Naturkunde in London ist.

Das wissenschaftliche Europa war erregt: Man hatte das von Charles Darwin vermutete „missing link" gefunden – das fehlende Glied in der Evolutionskette zwischen Sauriern und Vögeln. Der Archäopteryx besaß eindeutig Federn, hatte andererseits aber noch ein Maul mit Zähnen und einen

Jura-Bauernhofmuseum in Hofstetten

Schwanz mit Knochenwirbeln. Mit den Flugeigenschaften des Urvogels war es deshalb noch nicht soweit her. Er musste aufgrund seines Gewichts von einem Baum oder Felsen starten.

Die Fossilienbegeisterung im Altmühltal hielt seither an. 1987 fand der Solnhofener Bürgermeister Friedrich Müller ein besonders schönes Exemplar. Das Museum, das seinen Namen trägt, zeigt die ganze Fülle der Flora und Fauna vor 150 Millionen Jahren.

Wie in einem Bilderbuch haben sich im versteinerten Schlamm Flugsaurier und Krebse, Fische und Ammoniten, ja sogar Insekten und Landpflanzen abgedrückt. Kein Wunder, dass die Hobby-Steinbrüche im Altmühltal immer noch vom Klang der Meißel und Hämmer widerhallen.

Tradition und Fortschritt

Die wirtschaftliche Bedeutung des Solnhofener Steins, die solche Entdeckungen erst möglich machte, ist dabei etwas in den Hintergrund getreten. Noch immer sind die Kalkplatten ein edles Baumaterial für Treppenstufen, Fenstersimse oder Bodenplatten. Auch die Bedeutung für die bildende Kunst sollte man nicht vergessen. 1798 entdeckte Alois Senefelder, dass sich der feinporige Kalk ideal für ein neues Verfahren, den Steindruck, eignete. 150 Jahre Kunstgeschichte, von den Vor-Impressionisten über Renoir und Toulouse-Lautrec bis zu Picasso und Chagall sind ohne die Lithografie kaum vorstellbar.

Steigen wir hinauf von der Altmühl in den Jura südöstlich von Eichstätt. Das Bauernhofmuseum im

Der erste Bayer

1990 wurde bei Kipfenberg ein sensationeller Grabfund gemacht. Der 30-jährige Krieger war um 420 gestorben und nicht verbrannt, sondern in einem Erdgrab bestattet worden. Die reichhaltigen Grabbeigaben lassen vermuten:

Er war Söldner in römischen Diensten und Bajuware, wie Keramikscherben nahelegen, die böhmischen Scherben ähneln.
Auch fanden sich Schweinebraten-Reste, die dem bayerischen Krieger für die letzte Reise mit ins Grab gegeben wurden.

Das Grab ist heute im Römer- und Bajuwarenmuseum auf Burg Kipfenberg zu besichtigen.

Altmühltaler Mühlenmuseum

Dorf Hofstetten zeigt, wie man hier vor nicht allzu langer Zeit gelebt und gewerkelt hat. Mangels Wasserkraft trieb ein Pferd, das immer im Kreis ging, die Maschinen an. Der Pferdeknecht schlief in einer zum Stall offenen Kammer. Immerhin: für Wärme sorgte in der gemeinsamen Wohnstube ein so genannter „Hinterlader". Er wurde nebenan, von der Küche aus beheizt.

Am Fluss unten standen früher viele Mühlen, die Sägegatter und Mahlsteine in Bewegung setzten. Heute klappert nur noch eine – in Dietfurt, wo die Laaber in die Altmühl mündet. Ihr Wasser treibt die alten Lederriemen im Mühlenmuseum an, während nur einen Katzensprung entfernt die modernen Containerschiffe den Kanal hinunter zur Donau ziehen.

Geblieben aber ist im Altmühltal auch die Gastlichkeit alter Zeiten. Wo könnte man sie besser genießen als im Millipp am Marktplatz des benachbarten Beilngries. Der 500 Jahre alte spitzgiebelige Gasthof verwöhnt seine Gäste mit modernstem Komfort in historischen Mauern – und mit einem geschmorten Tafelspitz, der saftig ist und doch butterweich auf der Zunge zergeht. Seien wir ehrlich: Tradition und Fortschritt – beides möchten wir nicht vermissen.

Saltimbocca vom Altmühltaler Lamm auf Graupenrisotto mit Spätburgundersoße

6 Personen

Saltimbocca vom Lamm:

- 12 kleine Lammschnitzel à 60 g (aus Rücken, Keule oder Filet)
- 12 kleine Scheiben Parmaschinken oder Bauernschinken
- 12 nicht zu große Salbeiblätter
- Rapsöl zum Anbraten

Graupenrisotto:

- 1 EL Zwiebelwürfel
- etwas Rapsöl
- 150 g Gerstengraupen
- ca. 50 g Gemüsewürfel (Karotten, Sellerie, Lauch)
- 400–500 ml Gemüsebrühe
- etwas Weißwein
- etwas Parmesan
- etwas Sahne, geschlagen

Spätburgundersoße:

- 1 kg Lammknochen und Sehnen
- 100 g Röstgemüse (Zwiebeln, Karotten, Sellerie, evt. Lauch, grob gewürfelt)
- 1 TL Tomatenmark
- 100 ml Fränkischer Spätburgunder
- 1 l Brühe oder Fond
- 1 kleines Sträußchen Thymian
- 1 kleines Sträußchen Rosmarin
- 1 Zehe Knoblauch, gerieben
- Salz, Pfeffer

Spätburgundersoße:
Die Sehnen und Knochen schön anbraten, Röstgemüse dazugeben und weiter angehen lassen. Wenn Lauch verwendet wird, dann zum Schluss dazugeben, damit er nicht dunkel und bitter wird. Tomatenmark unterrühren und weiter angehen lassen.

Mit Spätburgunder ablöschen und einreduzieren lassen. Diesen Vorgang 3–4-mal wiederholen, anschließend mit der Brühe aufgießen. Aufkochen lassen, Knoblauch und Kräuter dazugeben, langsam einkochen lassen und gegebenenfalls mit Salz und Pfeffer nachschmecken.

Graupenrisotto:
Zwiebelwürfel in Rapsöl angehen lassen. Graupen dazugeben und umrühren. Karotten- und Selleriewürfel dazugeben und mit Gemüsebrühe aufgießen. Aufkochen lassen, abdecken und ca. 30 Minuten quellen lassen - dabei immer wieder umrühren.

Lauchwürfel dazugeben und evt. mit etwas Weißwein, gehobeltem Parmesan und Sahne verfeinern.

Saltimbocca vom Lamm:
Jedes Lammschnitzel mit einem Salbeiblatt und einer Scheibe Schinken belegen und mit etwas Mehl bestäuben. Nochmals andrücken und die gemehlte Seite je nach Dicke ca. 1 Minute in Rapsöl anbraten, wenden und nochmals 1 Minute fertig braten. Das Fleisch muss nicht gewürzt werden, je nachdem wie würzig der Schinken ist.

Anrichten:
Das Fleisch herausnehmen und auf dem Risotto anrichten. Die Bratpfanne mit der Soße ablöschen, mit Spätburgunder verfeinern und die abgeseihte Soße um das Risotto angießen.

Rezept:
Hotel Gallus in Beilngries

Fränkische Schweiz

Die Fränkische Schweiz ist eine der ältesten deutschen Ferienlandschaften. Alles begann 1793 mit einer literarischen „Pfingstreise" der beiden Erlanger Studenten Ludwig Tieck und Wilhelm Heinrich Wackenroder ins nahe „Muggendorfer Gebürg", wie es damals noch hieß. Die beiden 20-Jährigen zählten wenig später zu den führenden Köpfen der deutschen Romantik. Die Liebe zur Natur, die Begeisterung fürs Mittelalter, die Suche nach alten Volksliedern und Sagen – für all das fand ihre Fantasie im Land der Burgen, Höhlen und Mühlen reichlich Nahrung. 1804 kam dann schon der erste Reiseführer auf den Markt. Und dem Reiseschriftsteller Johann Christian Fick sind Gastwirte wie Tourismusmanager heute noch dankbar. Er erfand 1815 den Begriff „Fränkische Schweiz". Keine 50 Jahre später hatte sich dieser Name für die bucklige Region zwischen Bamberg, Nürnberg und Bayreuth endgültig durchgesetzt.

Geologie für Petrijünger

Wie kam sie zustande, diese romantische Landschaft? Nun, der Zahn der Zeit nagte hier besonders eifrig. Vor 140 Millionen Jahren bedeckte ein flaches tropisches Meer die Fränkische Schweiz und ließ Korallenriffe wachsen. Danach machten sich andere Kräfte an die Arbeit. Pflanzen bedeckten die ehemaligen Riffe. Regenwasser wusch aus ihnen schwache Kohlensäure-Lösungen, die in die Ritzen und Spalten sickerten und die Hohlräume erweiterten. Rund 1000 Höhlen entstanden auf diese Weise in der Fränkischen Schweiz – und malerische Täler mit senkrecht aufragenden Kalkwänden und Felsnadeln. Natürlich ist dieser Prozess immer noch im Gang.

Wer im Hochsommer in den Hauptfluss, die Wiesent, springt, erlebt eine Überraschung. Das Wasser ist deutlich kälter als erwartet, es quillt aus den Felskellern des Jura hervor. Den Bachforellen und Äschen ist das gerade recht. Sie fühlen sich in dem sauberen Wasser so wohl, dass sie sich ohne künstlichen Besatz hinreichend vermehren. Die blumenbestandenen Wiesen schicken genügend Larven und Mücken als Nahrung.

Die Wiesent gilt deshalb als das Dorado der Fliegenfischer, der Künstler unter den Petrijüngern. Mit der Wathose bis zum Bauch im Wasser servieren sie in kühnen Schwüngen die künstliche Fliege dem Fisch direkt vors Maul. Auch das Fliegenbinden ist eine Wissenschaft für sich. Die Fische akzeptieren nicht jeden Köder. Sie schnappen nur nach dem Insekt, das gerade auf Hochzeitsflug ist.

Einfacher hat man es im Landhaus Sponsel-Regus in Veilbronn bei Heiligenstadt. Man setzt sich auf die sonnige Terrasse und bestellt eine Bachforelle. Die kommt frisch aus dem eigenen Quellbecken und wird „nach Art unserer Großmutter“ zubereitet. Junior Michael Regus brät die Forelle goldbraun und überzieht sie dann mit einer Sahnesoße mit viel frischer Petersilie.

Unterirdisches Franken

Nicht nur für Sportfischer ist die Wiesent verlockend. Die 28 Flusskilometer mit leichtem Wildwasser werden auch von den Kajakfahrern gern für eine flotte Tagestour unter den Bug genommen. Dabei halten sich die Kanuten ebenso an die Naturschutz-Regeln wie die Kletterer. Denn auch für Kraxler ist die Fränkische Schweiz ein schon legendäres Ziel. Senkrecht aufragende Felsen mit festem Stein und gutem Griff gibt es hier – oft besser als in den Alpen. Cracks der Szene finden hier jeden Schwierigkeitsgrad, auch für Anfänger sind viele „Zweier“ oder „Dreier“ vorhanden. Wenn der Wanderfalke brütet, sind aber viele dieser Felsen tabu. Die Rücksicht auf die Natur gilt ebenso für Speläologen, die Höhlenforscher. Die Fledermäuse, die hier kopfüber die Nacht erwarten, bedürfen der Ruhe.

Doch es klappt ganz gut, dieses Nebeneinander von Mensch und Natur. Denn jeder kommt schließlich wegen der außergewöhnlichen Flora und Fauna hierher. Und unter fachkundiger Führung kann man

Landhaus Sponsel-Regus 1
Veilbronn 9
91332 Heiligenstadt
Tel.: 09198–222
www.sponsel-regus.de

Komforthotel im Grünen mit Sauna und Hallenbad. Gehobene fränkische Küche mit regionalen Produkten.

Gut Schönhof 2
Schönhof 10–11
91344 Waischenfeld
Tel.: 09202–1228
www.gut-schoenhof.de

Ökologisch bewirtschaftetes Gut mit eigener Metzgerei und Käserei. Davon profitiert das Restaurant, das auf beste Zutaten setzt.

Winterliche Tropfsteinhöhle

Burg Rabenstein

auch in den unterirdischen Felskathedralen keinen Schaden anrichten.

Drei große Schauhöhlen gibt es in der Fränkischen Schweiz. Die Binghöhle bei Streitberg wurde nach ihrem Entdecker, einem Nürnberger Spielwarenfabrikanten, benannt. Sie ist 400 Meter lang und prunkt mit einer wunderschönen Tropfstein-Galerie. Den Eingang zur Teufelshöhle bei Pottenstein bildet eine gewaltige Felsgrotte. Besonders beeindruckend ist hier der „Barbarossa-Dom". Die Sophienhöhle bei Rabenstein im Ahorntal ist die älteste bekannte Höhle der Fränkischen Schweiz. Schon 1490 versuchte man hier, Salpeter zu gewinnen. Auch prähistorische Jäger und Sammler haben die Höhle bereits aufgesucht, wie Keramikfunde beweisen.

Speläologie

Die ersten „Touristen" in der Fränkischen Schweiz waren im 18. Jahrhundert Höhlenforscher. Sie werden nach dem lateinischen Wort *speläus* für „Höhle" (Spelunke!) auch Speläologen genannt. Höhlenerkundungen sollte man am besten erfahrenen Speläologen überlassen oder sich zumindest ihrer Führung anvertrauen. Neben Absturz droht Gefahr durch nach Regenfällen plötzlich auftretende unterirdische Flüsse. Unkundige können auch die Lebensräume von Fledermäusen und Amphibien stören oder vernichten. Höhlen boten aber immer schon Schutz für Mensch oder Tier. Sie sind deshalb Fundgruben für Paläontologen, die versteinerte Lebensformen erforschen, und für Archäologen, die Knochenfunde und Siedlungsspuren zuordnen können.

Bauernwut und Fürstenstreit

Wer nach dem Höhlenausflug der Wärme und der Stärkung bedarf, dem empfehlen wir das Gut Schönhof bei Waischenfeld. Übernachten kann man auf dem ökologisch bewirtschafteten Musterbetrieb in gemütlichen Appartements oder – entsprechend billiger – auf dem urigen Heuboden. Die Küche des Restaurants bedient sich der eigenen Ressourcen: ein zartes Kotelett vom Weideochsen, dazu Bratkartoffeln und selbstgezogenes Sommergemüse – das rüstet für neue Taten.

Denn das Geschwisterpaar, die Burgen Rabeneck und Rabenstein grüßen auf den Schönhof hinunter und wollen auch erkundet sein. Selten hat man Gottvertrauen so schön bekundet wie beim Bau von Rabeneck: Die Schlosskapelle, im Barock erneuert, steht auf einem überhängenden Felsvorsprung. Tritt man den beiden alten Damen näher, merkt man, dass die Zeit nicht spurlos an ihnen vorübergegangen ist.

Die Besitzer wechselten, dem Geschlecht der Rabensteiner folgten die Stiebars und die Schönborns. Und unüberwindlich waren die Burgmauern leider nicht. Rabeneck brannten aufständische Bauern anno 1525 nieder. Das benachbarte Rabenstein wurde im Fürstenkrieg zwischen dem Brandenburger Markgrafen und dem bayerischen Herzog 1460 zerstört und in nur sechs Jahren glanzvoll wieder aufgebaut. Doch 175 Jahre später war es mit der Herrlichkeit zu Ende. Der Rabensteiner hatte es im Dreißigjährigen Krieg mit den Schweden gehalten, die die katholischen Bauern der Gegend drangsalierten. Nach dem Abzug rächte sich das erbitterte Landvolk: Rabenstein stand in Flammen.

Burgenland im Frankenland

Es war gerade diese wechselvolle Geschichte, von der die Besucher des frühen 19. Jahrhunderts angezogen wurden. Den Dichtern folgten die Zeichner und Maler und ihnen das Bürgertum, das sich solche Lustreisen leisten konnte. Burgen, Ruinen und Höhlen erregten auch bei ihnen das Gemüt und weckten Sagen von Geistern und verborgenen Schätzen. Schauplätze fand und findet man genug. 170 Burgen

Schloss Unteraufseß in Aufseß

zählt man in der Fränkischen Schweiz, 39 von ihnen sind heute noch bewohnt und 24 sind besonders malerisch, weil sie sich auf hohen Bergspornen erheben. Es gibt auch noch Adelsfamilien, die schon seit 800 Jahren in den von ihren Urvätern erbauten Stammburgen leben: die Freiherrn von Aufseß und von Egloffstein zählen dazu.

Wiederholt eingenommen und geplündert, aber nie zerstört wurde die Burg Pottenstein. Auch sie ist noch in Privatbesitz und bewohnt; gerade das macht den Reiz des Burgmuseums aus. Neben den Waffensammlungen und Schauräumen erinnert eine Ausstellung auch an die Heilige Elisabeth von Thüringen, die sich hier einige Zeit aufgehalten hat. Vom Burggarten aus hat man einen herrlichen Blick auf die Fränkische Schweiz und das Städtchen Pottenstein.

Tourismus

Als traditionsreiches Feriengebiet hat die Fränkische Schweiz ein vielfältiges Freizeit- und Gastronomieangebot. Einen guten Überblick über alle Sehenswürdigkeiten, Feste, Sportmöglichkeiten und die vielen kleinen Landgasthöfe geben die Internetseiten der Tourismuszentrale Fränkische Schweiz.
Hier findet man auch Verleiher von Kanus und Kajaks für die beliebten Bootsfahrten auf der Wiesent und Veranstalter von Kletterkursen, Höhlentouren oder Fliegenfisch-Kursen.

Information:
Tourismuszentrale Fränkische Schweiz,
Oberes Tor 1, 91320 Ebermannstadt,
Tel.: 09194–797779, www.fraenkische-schweiz.com

★ Burgen

Von den 170 Burgen der Fränkischen Schweiz sind zehn – meist nur mit Führung – zu besichtigen. Geöffnet sind sie von April bis Oktober.

Die interessantesten Burgen:

Egloffstein, Tel.: 09197–8780,
www.burg-egloffstein.de

Greifenstein (bei Heiligenstadt), Tel.: 09198–423,
www.schloss-greifenstein.de

Pottenstein, Tel.: 09243–7221,
www.burgpottenstein.de

Rabenstein, Tel.: 09202–970580,
www.burg-rabenstein.de

Burg Zwernitz-Sanspareil (bei Wonsees),
Tel.: 09274–333

Burg Unteraufseß, Tel.: 09274–98010,
www.aufsess.de

★ Höhlen

Die drei Schauhöhlen sind ebenfalls von April bis Oktober geöffnet:

Sophienhöhle (bei Burg Rabenstein): eine der schönsten Tropfsteinhöhlen
Tel.: 09202–970590, www.sophienhoehle.de

Binghöhle (bei Streitberg): 400 Meter lange Galeriehöhle aus geschichtetem Kalk
Tel.: 09196–340, www.binghoehle.de

Teufelshöhle (bei Pottenstein): längste Höhle Deutschlands, Therapiestation für Atemwegserkrankungen
Tel.: 09243–70841, www.teufelshoehle.de

Osterbrunnen

Von Karfreitag an sind zwei Wochen lang rund 200 Dorfbrunnen mit Girlanden und Ostereiern festlich geschmückt. Bieberbach bei Egloffstein rühmt sich des größten Osterbrunnens der Welt mit über 11000 Eiern. Bekannt ist auch der Osterbrunnen von Heiligenstadt, wo am Osterwochenende mit Musik und Tanz gefeiert wird. In der Woche nach Ostern findet dort auch ein Jahrmarkt statt. Viele Gemeinden bieten Osterwanderungen oder Bus-Ausflüge zu den schönsten Osterbrunnen an.

Walberlafest

Zum Walberlafest am 1. Sonntag im Mai rückt ganz Nordbayern an, weshalb es von Forchheim aus Busse und Sonderzüge gibt.

Informationen unter: www.fraenkische-schweiz.com/info/bierfest.html und unter www.fraenkische-schweiz.com/walberlafahrzeiten.html

★ Kirschenfest

Die südwestliche Fränkische Schweiz ist das größte deutsche Anbaugebiet für Süßkirschen. Mittendrin liegt Pretzfeld, wo während der Blütezeit auch Planwagenfahrten in die Obstgärten angeboten werden.
Mitte Juli wird dann im idyllisch gelegenen Kellerwald das Kirschenfest gefeiert und eine Kirschenkönigin gekürt.

Programm und Termine:
Touristeninformation, Hauptstraße 3,
91362 Pretzfeld, Tel.: 09194–73740,
www.pretzfeld.de

★ Trachtenfeste

Am Ostermontag und am Fronleichnamstag kommen zahlreiche Schaulustige nach Effeltrich (südlich von Forchheim), um bei den Prozessionen die farbenprächtigen oberfränkischen Trachten zu bewundern. Der Georgiritt zu Ehren des Ortspatrons beginnt am Ostermontag mit einem Gottesdienst um 9.15 Uhr. Nach der Pferdesegnung reitet man um die Kirchenburg und die 1000-jährige Dorflinde. Um 14 Uhr findet noch einmal eine Trachtenprozession mit Andacht statt. Denselben Weg nimmt die Fronleichnamsprozession (zweiter Donnerstag nach Pfingsten, vormittags).

Informationen: Pfarrgemeinde St. Georg;
Zur Kirchenburg 3, 91090 Effeltrich,
Tel.: 09133–824, www.effeltrich.de

★ Fränkischer Kren

Im „schärfsten Museum der Welt" können Sie sich eingehend über das bayerische Kulturgut informieren. Geöffnet Samstag und Sonntag von 10.30–17 Uhr.

Info: Meerrettichmuseum, Judengasse 11,
91083 Baiersdorf, Tel.: 09133–603040,
www.schamel.de

★ Fränkische Schweiz Museum

Das Museum im historischen Judenhof von Tüchersfeld gehört zu den interessantesten Museen in Franken. Es informiert über die besondere Geologie, zeigt Funde von der Keltenzeit bis ins Mittelalter und informiert über Leben, Wohnen und Arbeit in früheren Zeiten. Besondere Abteilungen sind dem Brauchtum und der Volksfrömmigkeit gewidmet. Schmuckstück ist die Synagoge im Museum, ein eindrucksvolles Zeugnis des Landjudentums im 18. Jahrhundert.

Öffnungszeiten: April bis Oktober täglich außer Montag 10–17 Uhr, im Winter nur am Sonntag von 13.30–17 Uhr.
Fränkische Schweiz Museum, Tüchersfeld,
91278 Pottenstein, Tel.: 09242–1640, www.fsmt.de

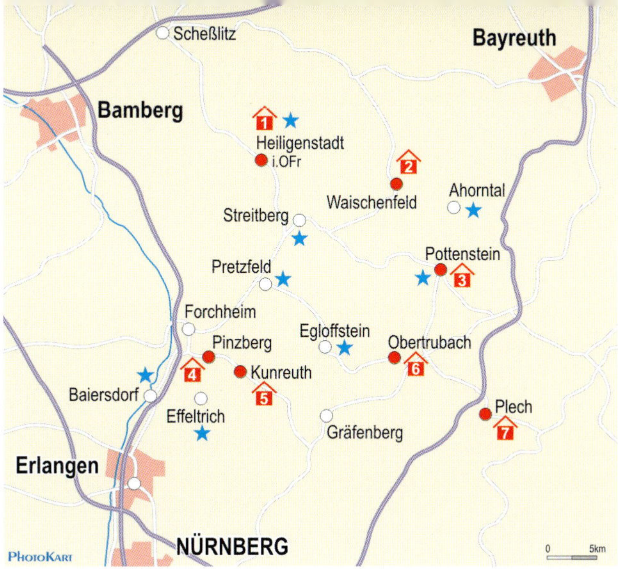

Hier liegt das Hotel und Restaurant Forellenhof, von dessen Sonnenterrasse man wiederum die Aussicht auf den malerischen Burgfelsen genießt. Fischspezialitäten haben bei der Besitzerfamilie Malter Tradition, denn schon die Großeltern betrieben eine Forellenzucht mit Fischküche. Es gibt hier Forelle „auf altfränkische Art". Die scheint auf den ersten Blick zwar etwas ungewöhnlich, ist dann aber sehr schmackhaft. Der gebratene Fisch wird nämlich mit Schinken und Rührei serviert. Genauso gern kocht Markus Malter international: uns hat er kanadischen Zander mit Grönlandgarnelen serviert.

Überhaupt birgt die Fischkuche der Frankischen Schweiz doch einige Überraschungen. Im Landgasthof Schrüfer in Pinzberg bei Forchheim sind wir wegen seiner einmaligen Aussicht eingekehrt und haben abenteuerlustig „Karpfen sauer mit Kloß" bestellt. Der Wirt Klaus Schrüfer kocht dazu erst einmal Wasser, Essig und Weißwein mit wenig Salz und deutlich mehr Zucker auf. Da hinein kommen nun Wurzelgemüse, Zwiebeln, Lorbeerblätter und Wacholder. In diesem Sud köchelt der Karpfen zehn Minuten und färbt sich dabei hellblau.

Dass man auch zum Karpfen Kartoffelklöße isst, hat uns noch nicht weiter verwundert. Dann kam der Fisch aber mit Preiselbeeren und einer dunkelbraunen Lebkuchensoße auf den Tisch. Um es kurz zu machen: Wir haben beherzt zugegriffen und es war bestimmt

Fränkische Schweiz Museum

nicht das letzte Mal, dass wir einen so zubereiteten Karpfen gegessen haben. Er schmeckt gigantisch.

Ostereier für Quellengötter

Wer Geschichte, Kunst und Brauchtum der Fränkischen Schweiz intensiver kennen lernen will, ist im Fränkische Schweiz Museum in Tüchersfeld am rechten Platz. Seine Gebäude finden sich auf vielen Postkarten und Prospekten: ein Ring von Fachwerkhäusern, der sich an zwei Felsnadeln anschmiegt. Um 1700 hatten sich in den Ruinen der ehemaligen mittelalterlichen Burg Juden angesiedelt. 44 waren es nach einer Urkunde aus dem Jahr 1755. Doch drei Jahre später brach eine Feuersbrunst aus. Der „Judenhof" wurde anschließend neu errichtet, mit einer Synagoge, die samt Einrichtung noch völlig erhalten ist. Neben keltischen und mittelalterlichen Funden zeigt das Museum auch Zeugnisse des Brauchtums und der Volksfrömmigkeit in der Fränkischen Schweiz.

Doch diese sind nicht nur in Vitrinen zu finden, sondern noch überall lebendig. Berühmt sind die geschmückten Osterbrunnen in jedem Dorf. Der Brauch ist wohl auf die Wasserknappheit des Frankenjura zurückzuführen. Unten im tiefen Tal sprudelten zwar die Bäche, doch oben versickerte das Wasser schnell in den Ritzen. Die Brunnen und Zisternen wurden deshalb gehegt und gepflegt. Man säuberte sie im Frühjahr und schmückte sie, möglicherweise um alte Quellgottheiten gnädig zu stimmen.

Krenweiberl

Manchmal sieht man sie noch auf winterlichen Stadtplätzen: die „Krenweiberl" mit ihren Buckelkörben voller Meerrettich. Sie tragen die bunte Frauentracht der Fränkischen Schweiz mit ihren vielen Unterröcken. „Krenland" heißt die Gegend südwestlich von Forchheim, wo die Weiberl herkommen und die scharfe Wurzel besonders gut gedeiht. In Baiersdorf gibt es ein Meerrettichmuseum, das die Geschichte des Krens und seiner Verarbeitung erzählt. Hier baute man schon im Mittelalter den Meerrettich an, der als „Scharfmacher" an Stelle der teuren oder noch unbekannten Gewürze Pfeffer und Paprika fungierte. Den Namen „Kren" (von *krenas* = weinen/greinen) brachte der Meerrettich aus seiner Heimat im Wolgagebiet mit.

Ungefähr 200 Brunnen werden am Karfreitag mit Kronen und Girlanden aus Tannenreisig und Buchsbaumzweigen umwunden. Wie Edelsteine glänzen darauf die ausgeblasenen und gefärbten Eier, oft liebevoll mit der Hand bemalt. Dazwischen flattern bunte Stoffbänder, die „Pensala", im Wind. Mit einem musikalischen Ständchen, oft auch einem Markt oder einem kleinen Volksfest, wird nach dem Brunnenschmücken gefeiert. Rund zwei Wochen bleibt die Pracht bestehen. Dann werden die Girlanden abgenommen und Pläne für das nächste Jahr geschmiedet. Denn jeder der fleißigen Helfer hat natürlich in den Nachbardörfern spioniert und sich neue Anregungen geholt.

Osterbrunnen in Mittelehrenbach

Fränkischer Apfelreichtum

Der größte Teil der Fränkischen Schweiz gehörte bis zu Säkularisation zum Fürstbistum Bamberg. Das Brauchtum ist deshalb katholisch geprägt. An Fronleichnam und anderen hohen kirchlichen Festen wird noch die alte Tracht aus der Truhe geholt. Besonders stolz trägt man in Effeltrich, südlich von Forchheim, Faltenrock und Kniebundhose. Der seltsame Name des Dorfs bedeutet „reich an Äpfeln". Tatsächlich kamen die Bauern damit zu bescheidenem Wohlstand. Sie zogen nicht nur mit ihren Obstkarren bis nach Erlangen und Nürnberg. Das noch bessere Geschäft waren die Apfelbäume. Junge Setzlinge wurden auf Lastkähnen die Regnitz hinabgeschifft. Die Ortschronik berichtet, dass Effeltricher Apfelbäume bis nach Schweden und Russland gelangten.

Von der guten, alten Zeit ist in Effeltrich noch vieles zu spüren. Auf dem gepflasterten Dorfplatz steht eine 1000-jährige Linde, unter der fröhliche Feste gefeiert werden. Zwei Burschenvereine gibt es, die „Concordia" und „Zufriedenheit" heißen; Kaninchenzüchter und ein Trachtenverein sind ebenfalls vorhanden. Das offenkundige Wohlbehagen der Effeltricher weckte den Neid der Nachbarn. Immer wieder kamen plündernde Haufen zu Besuch. Im 15. Jahrhundert bauten die Dorfbewohner deshalb eine Wehrmauer um Kirche und Friedhof. Erschienen wieder einmal Raubritter, flüchteten die Dorfbewohner zu ihren verblichenen Ahnen.

Gewichtiges Brauchtum

Um diese Kirchenburg wallfahrten die Effeltricher an zwei Festen, die Besucher aus ganz Franken anziehen. Mit dem Georgiritt am Ostermontag wird der Kirchenpatron geehrt. Der Pfarrer führt hoch zu Ross den Pilgerzug an. Womöglich noch schöner ist die Fronleichnamsprozession, bei der hunderte von Frauen und Männern in ihrer Festtagstracht das „Allerheiligste" begleiten.

Die Tracht ist prächtig, farbenfroh und leicht einmal 20 Kilo schwer – vor allem bei den Frauen. Werfen wir einen indiskreten Blick in die Ankleidekammer: Wir sehen schwarze, weiße oder bunt geringelte Wollstrümpfe. Nun streift Madame mindestens vier Unterröcke über. Die sind nötig, damit der Glockenrock mit seinen 200 Plisee-Falten artig fällt. Danach kommen das gut gepolsterte Mieder (damit der Rock nicht so drückt), das seidene „Neistecktiegla" (Hineinstecktüchlein) für den tiefen Ausschnitt, eine Schürze und zum Schluss noch die „Schleicherla" (ausgeschnittene Halbschuhe).

Ebenso fantastisch ist der Kopfputz der Mädchen. Auf einem roten Kopftuch tragen sie die Jungfernkrone aus Gold- und Silberdraht mit Messingplättchen und Glasperlen. Die verheirateten Frauen

Fronleichnamsprozession in Effeltrich

begnügen sich mit einem weißen Kopftuch, das richtig zu knüpfen allerdings auch eine Kunst ist. Ein silberbeschlagenes Gebetbuch samt Rosenkranz vervollständigt die Ausstattung, zusammen mit einem „Schmeckerla", einem Sträußchen aus stark duftenden Kräutern.

Die Männertracht ist schneller erzählt: weiße Kniestrümpfe, schwarze Bundhose und eine rote Weste mit vergoldeten Knöpfen. Die Jüngeren tragen dazu einen schwarzen Dreispitz, die Älteren bevorzugen eine Pelzmütze.

Fränkischer Dialekt

In einer Landtagsanfrage beschwerten sich fränkische Abgeordnete, dass im Bayerischen Rundfunk nur „breitester altbayerischer Dialekt" zu hören sei. Dabei sind die Mundarten eng verwandt. Sie vermeiden beide das Imperfekt *(ich habe gesagt)*, scheuen den Genitiv *(dem Schorsch* – fränkisch *Gergala – seine Freundin)*, kleiden das Relativpronomen mit *wo* ein *(… der wo mich beschimpft hat)* und verwenden statt des Akkusativs häufig den Dativ. Typisch fränkisch dagegen ist das weiche Verschleifen von Konsonanten. So wird Bamberg zu *Bamberch* und Franken zu *Frangen*. Vokale werden in der Regel heller und gedehnter als im Altbayerischen ausgesprochen.

Rotes Gold

Das nahe gelegene Walberla mit seinem Hochplateau ist der markanteste Berg der Fränkischen Schweiz. Im 16. Jahrhundert wurde hier eine Walburgakapelle gebaut, um dem alten heidnischen Kultplatz die kirchlichen Weihen zu geben. Seither gibt es das Walberlafest zu Ehren der Heiligen am ersten Maiwochenende. Es ist eines der wichtigsten Kirchweihfeste im Festkalender der Fränkischen Schweiz, zu dem tausende von Besuchern strömen. Viel Trubel herrscht hier allerdings auch schon in der Walpurgisnacht vor dem 1. Mai. Mystisch anmutende Frauen aus der Stadtregion Nürnberg entzünden ein heiliges Feuer und senden Beschwörungsformeln gen Himmel. Da staunen dann ausnahmsweise auch einmal die Einheimischen.

Die Gegend rund um das Walberla mit ihrem milden Klima ist das bedeutendste Anbaugebiet für Süßkirschen in Süddeutschland. Im Mai steht hier alles in Blüte. Ab Juni bis Ende Juli wird geerntet, dazwischen die Kirschenkönigin gewählt und beim Kirschenfest in Pretzfeld feierlich inthronisiert. Auch die Gastronomen der Fränkischen Schweiz schätzen die süßen Früchtchen und feiern die Saison mit allerlei Kreationen.

In Sichtweite des Walberla steht der Regensberg mit dem Gasthof Hötzelein. Wenn Kirschenzeit ist, entfacht der Wirt Hans Hötzelein einen Feuerzauber, nämlich „Lodernde Kirschen“. Die Früchte werden erst in der Pfanne karamellisiert und dann mit einem kräftigen Schuss Kirschwasser flambiert.

Der Regensberg ist nicht wirklich alpin, sondern eher ein gemütlicher Aussichtsbuckel. Doch das benachbarte Trubachtal ist ein Treffpunkt der Kletterer, die auf den spitzen Felsnadeln herumkraxeln. Gerne quartieren sie sich im Gasthof Fränkische Schweiz ein. Denn nach dem Sport sorgt der Wirt Edmund Maier für die nötigen Proteine und Kohlenhydrate. Auf schmackhaft fränkische Art, versteht sich: eine Schweinsroulade etwa mit einer Champignon-Füllung, dazu Kartoffelbrei und Wirsinggemüse.

Wie vielfältig die Fränkische Schweiz ist, zeigt im Osten der Veldensteiner Forst, eines der größten zusammenhängenden Waldgebiete Deutschlands. Kaum besiedelt, aber von zahlreichen Wegen durchzogen, ist er ein Paradies für Wanderer und Mountainbiker. Das Ferienhotel Veldensteiner Forst im kleinen Dorf Bernheck ist der ideale Ausgangspunkt für solche Touren. Wild und Pilze gibt es hier genug. Und so serviert die Küche zum Beispiel einen Hirschrücken, mit einem Pilzmantel im Ofen gebraten. Ein schöner Abschluss für unsere Rundreise durch die Fränkische Schweiz.

Walberlafest

Das Walberlafest am ersten Sonntag im Mai auf dem markanten Felsplateau bei Forchheim ist eines der ältesten Frühlingsfeste in Franken. Schon aus dem 17. Jahrhundert gibt es schriftliche Anweisungen, die für Ruhe und Ordnung sorgen sollten. Entwickelt hat sich das Fest aus der Wallfahrt zur Kapelle der heiligen Walburga, die am 30. April Namenstag feiert. Heute ist daraus ein großes Volksfest mit Bratwürsten, Bier, zünftiger Musik und Verkaufsständen geworden. Aber auch das hat bereits Tradition. Schon im Jahr 1804 beschwerte sich ein Miesepeter, dass „die wahre Andacht grober Lustbarkeit gewichen ist.“
Der im Volksmund „Walberla“ (nach Walburga) genannte Tafelberg heißt übrigens offiziell „Die Ehrenbürg“.

Rotes Gold aus der Fränkischen Schweiz

Forellen nach Großmutters Art mit Petersilienkartoffeln

2 Personen

Forellen:

- 2 Bachforellen
- Salz
- Pfeffer aus der Mühle
- Saft von 1/2 Zitrone
- Mehl zum Bestäuben
- 8 EL Olivenöl

Soße:

- 20 g Butter
- 1/2 Zwiebel, klein gehackt
- 1 Bund Petersilie, klein gehackt
- 125 ml Sahne
- etwas Salz

Petersilienkartoffeln:

- 6–8 Kartoffeln (fest kochend)
- 20 g Butter
- 1 Bund Petersilie, klein gehackt

Garnitur:

- 1 Zitrone, geviertelt

Forellen:

Bachforellen sauber waschen und auf ein Blech legen. Salzen, pfeffern, mit Zitronensaft beträufeln und leicht mit Mehl bestäuben.

Olivenöl in einer großen Pfanne erhitzen, Forellen in das heiße Öl legen und beidseitig goldbraun und knusprig braten. Die Forellen herausnehmen und auf vorgeheizte Teller legen.

Soße:

Die Zwiebelwürfel in Butter glasig werden lassen, frisch gehackte Petersilie dazugeben, mit Sahne ablöschen, durchkochen und einreduzieren lassen. Bei Bedarf mit etwas Salz nachwürzen.

Petersilienkartoffeln:

Die fertig gekochten Kartoffeln in der geschmolzenen Butter mit der Petersilie schwenken.

Anrichten:

Die Forellen zusammen mit den Kartoffeln auf der Soße anrichten und mit Zitronenschnitzen garnieren. Je nach Gusto können Sie noch einen frischen Salat dazu reichen.

Rezept:
Landhaus Sponsel-Regus
in Heiligenstadt

Bierfranken

Vorsicht! In diesem Kapitel wird viel Bier getrunken. Was allerdings unvermeidlich ist in einer Stadt wie Kulmbach. Sie hat nur 30 000 Einwohner, produziert aber jedes Jahr rund zwei Millionen Hektoliter des Gerstensafts. Mal kopfrechnen: das wären also gut 18 Liter pro Kulmbacher und Tag. Stimmt natürlich nicht – seit über 100 Jahren wird das Kulmbacher Bier nämlich eifrig exportiert. Aber nur hier konnte es vermutlich passieren, dass ein schlampiger Brauersgeselle eines der stärksten Biere der Welt, den Eisbock, erfand. Gleich nebenan, in der Fränkischen Schweiz, halten sich auf kleinstem Raum 71 Privatbrauereien. Das hängt damit zusammen, dass in diesen Städtchen und Dörfern 280-mal im Jahr Kirchweih gefeiert wird, unter anderem auf einem Tanzboden hoch oben in der Dorflinde. Auf geht's – gefahren wird aber mit Kutsche und Dampflok. Und für eine passende Brotzeit haben wir natürlich auch gesorgt.

Brauereimuseum in Kulmbach

Bier in alter Vorzeit

Mag sein, dass vor 5000 Jahren zwischen Euphrat und Tigris das erste Bier getrunken wurde. Doch die alten Oberfranken waren in dieser Hinsicht auch bald aktiv. Vor 75 Jahren wurden viele der Keltengräber im Kulmbacher Land geöffnet und wissenschaftlich untersucht. Und siehe da: diese kriegerischen Bauern der Hallstatt-Zeit (ca. 1000–500 vor Christus) kannten nicht nur den Gebrauch von Eisen, sondern sie haben auch Bier gebraut. An den Scherben einer Amphore fanden sich die ältesten Spuren des Bierbrauens in Deutschland. Etwas anders als heute wird das Keltenbier aber schon geschmeckt haben. Denn zum Einmaischen des Sudes verwendete man eine Art Bierbrot statt des Malzes. Der Hopfen als Ingredienz war ebenfalls noch unbekannt. Man nahm stattdessen Eichenblätter, deren Bitterstoffe dem Getränk Haltbarkeit verliehen.

Der keltische Bierkrug ist heute das Glanzstück des Brauereimuseums im Mönchshof von Kulmbach. Hier kann man studieren, wie das Bierbrauen bei Sumerern, Ägyptern und Römern langsam Fortschritte machte, ehe dann die Mönche im Jahr 1349 in Kulmbach das erste auch nach unseren Begriffen trinkbare Bier brauten. Weil Probieren über Studieren geht, gibt es im Museum auch eine „gläserne Brauerei". Die Besucher können hier – quasi „live" – miterleben, welchen Weg das Bier von der Maische bis ins Fass nimmt. Und am Ende steht natürlich ein kräftiger Probeschluck.

Bierbrauen in der Antike

Das erste Bier wurde vermutlich im Zweistrom-Land zwischen Euphrat und Tigris so erfunden: Ein Stück Brot wurde nass und begann zu gären, ein berauschender Brei entstand. Im sumerischen Gilgamesch-Epos aus dem 3. Jahrtausend vor Christus steht bereits: „Enkidu trank sieben Becher Bier und ihm wurde leicht ums Herz." Babylonier und Ägypter brauten Bier schon direkt aus Getreideschrot.

Auch die frühen Römer tranken Bier, ehe sich der Weinbau durchsetzte. Dann aber betrachtete man Bier mit Abscheu. So steht bei Tacitus: „Als Getränk haben die Germanen ein schauerliches Gebräu, aus Gerste oder Weizen gegoren, welches mit Wein eine sehr entfernte Ähnlichkeit hat."

Brauerei-Anekdoten

Manches in der Entwicklung des Bierbrauens verdankt sich wohl auch dem Zufall. Es gibt da die Geschichte, wie der Kulmbacher Eisbock erfunden wurde. Sie wird wie folgt erzählt: Am Ende eines langen Arbeitstages hatte ein Brauersgeselle keine Lust mehr, die vollen Fässer in den Keller zu rollen.

Mit der Dampfbahn zum Biergenuss

Es folgte eine bitterkalte Winternacht. Das Bier gefror zu Eis, die Holzfässer barsten. Am anderen Morgen tobte der Braumeister vor Wut. In der Mitte des Eisblocks hatte sich jedoch eine kleine Menge Bier gehalten, die wegen des hohen Alkoholgehalts noch flüssig war. Diesen „Plempel" sollte der faule Geselle zur Strafe trinken. Es kam anders als erwartet: Das Gesicht des Delinquenten verklärte sich bei jedem Schluck mehr. Im Inneren des Eises hatte sich ein malzig-süßes, aber süffiges Bier gebildet.

Heute lässt man keine Fässer mehr bersten. Doch der Eisbock wird nach wie vor nach diesem Rezept hergestellt. Kräftig eingesottenem Starkbier wird durch Gefrieren noch einmal Flüssigkeit entzogen. Heraus kommt ein Bier von karamellartigem Geschmack mit 25 Prozent Stammwürze und 9 Prozent Alkohol.

Im Gasthof Hagleite in Kulmbach ist der Eisbock Höhepunkt einer Bierprobe, die der Wirt Günter Limmer anbietet. Über ein helles und ein „schwarzes" Pils arbeitet man sich langsam an diese Herausforderung für jeden Biertrinker heran. Ohne kräftige Unterlage ist das allerdings nicht durchzuhalten. Deshalb serviert der Hagleitner Wirt zwischendurch ein Bierfleisch, das im Eisbock gart. Er eignet sich ideal zum Kochen, versichert Limmer. Nicht nur wegen des Malzgeschmacks. Durch das Gefrieren wird auch der Hopfenton des Biers gemildert. Dass man schon vom Essen betrunken wird, braucht übrigens niemand zu befürchten. Denn der Alkohol verflüchtigt sich beim Kochen, ganz anders als im Eisblock unseres Brauersgesellen.

Die Bahn macht's möglich

Schon im 19. Jahrhundert genoss das Kulmbacher Bier einen legendären Ruf. Er verdankt sich vor allem den erstklassigen Zutaten. Nur der Hopfen kommt aus der niederbayerischen Hallertau. Alles andere ist original oberfränkisch. Rund um Kulmbach wächst hervorragende, eiweißarme Braugerste. Und das Wasser kommt aus den klaren Quellen des Fichtelgebirges.

Es ist übrigens dasselbe, das auch die Bierbrauer in Pilsen benutzen. Als Hauptwasserscheide entsendet der Gebirgszug sein kostbares Nass gerecht in beide Richtungen. Die Kulmbacher bevorzugten frü-

Luwig-Süd-Nord-Bahn

Die Bahn ist nach dem Bayernkönig Ludwig I. benannt, der diese Strecke vorantrieb. Sie führt von Lindau über Kempten, Augsburg, Nürnberg und Kulmbach nach Hof.

Das Frankenland wurde so mit dem übrigen Bayern verbunden, über den Knoten Augsburg auch mit der Landeshauptstadt München. Wegen des schwierigen Geländes waren viele Brücken, Tunnels und Rampen nötig. Zu letzteren zählt die „Schiefe Ebene" zwischen Neuenmarkt und Marktschorgast, die auf die Höhen des Fichtelgebirges führt. 1853 war diese erste bayerische Fernstrecke mit 566 Kilometern Länge fertig gestellt. Sie kostete über 50 Millionen Gulden.

Schaumwolken im fränkischen Bierhimmel

her aber einen ganz anderen Bier-Typ als die Pilsener. Ihr dunkler Gerstensaft aus stark gedarrtem Malz mit wenig Hopfen war süßlich und extraktreich. Im benachbarten Thüringen und Sachsen verlangte man bald nach dem Kulmbacher Bier.

Zum Exportschlager wurde es jedoch erst mit der Fertigstellung der Ludwig-Süd-Nord-Bahn Mitte des 19. Jahrhunderts. Nun konnte man die Fässer in alle Welt verfrachten: bis nach Chicago oder auch bloß bis München, was die dortigen Bierbrauer verständlicherweise gar nicht lustig fanden. Bis zum Jahr 1900 wuchs die Exportrate bereits auf sagenhafte 733 000 Hektoliter an.

Die Süd-Nord-Bahn war ein technisches Meisterwerk. Von Kulmbach nach Hof musste sie die Höhen des Frankenwalds überwinden. Zwischen den Orten Neuenmarkt und Marktschorgast, östlich von Kulmbach, waren zum Beispiel auf acht Kilometer Länge 158 Höhenmeter zu bewältigen. Das Deutsche Dampflokomotiv-Museum in Neuenmarkt erinnert an diese Pionierzeiten. Auf dem 96 000 Quadratmeter großen Gelände stehen 30 Dampflokomotiven und alles, was zu ihrem Betrieb dazugehörte: Kohlenhof und Wasserkräne, ja sogar eine mit Dampf betriebene Schneeschleuder.

Weil man beim Biertrinken ohnehin besser das Auto zu Hause lässt, war rasch die Idee geboren, das Lokmuseum in Neuenmarkt und das Biermuseum in Kulmbach mit Nostalgiezügen zu verbinden. Unter dem Motto „Vom Eisenbahnerhimmel ins Bierparadies“ schnauft man erst die „Schiefe Ebene“ nach Marktschorgast hinauf und dann wieder hinunter bis nach Kulmbach, wo die Reise direkt vor dem Brauereimuseum endet.

Fränkischer Bierhimmel

Die Kulmbacher Brauerei pflegt und erhält zwar ihre einzelnen Braustätten, die alle ihre unterschiedlichen Biersorten herstellen. Aber sie ist auch eine international verbandelte Aktiengesellschaft mit ausgefeilter Logistik und Marketing-Strategie. Ein paar Kilometer weiter, in der Fränkischen Schweiz, sieht der Bierhimmel ganz anders aus. Hier glänzen noch viele Sterne – genauer gesagt: 71 Privatbrauereien.

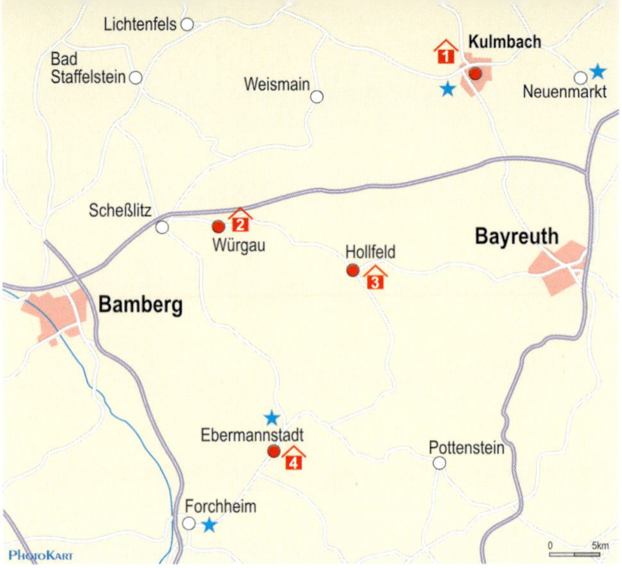

Jede hat ihren eng begrenzten Absatzmarkt, doch um den kümmert sie sich mit fränkischer Betriebsamkeit. Dazu gehört natürlich erst einmal ein „gescheites" Bier, dann die Pflege des Vereinslebens und Brauchtums (Kirchweihfeste!), schließlich der Unterhalt ordentlicher Brauereigaststätten. In ihnen müssen nicht nur das Bier, sondern auch das Essen und die Atmosphäre stimmen.

Das Musterbeispiel eines solchen Brauereigasthofs ist der Hartmann in Würgau. Seit 1550 besitzt er das Brau- und Schankrecht und zählt damit zu den ältesten Brauereien in Bayern. Traditionell wird in solchen Gasthöfen auch mit Bier gekocht. So lässt Küchenchef Stefan Funda sein Lendensteak nach dem Anbraten in Bierdampf garen. Die Brauerei setzt neben dem „Hellen" auf exquisite Spezialitäten: Es gibt den „Felsentrunk" mit einem leichten Rauchton; da lässt das „Schlenkerla"-Rauchbier des nahen Bambergs grüßen. Das „Erbschänk-Bier" feiert die alten Zeiten, als das Bier sowohl in Bayern wie auch in Franken eben ein „Dunkles" war.

Erfinderisch ist der Hartmann auch mit Zusatzprodukten. Die Trebern, die Malzrückstände nach dem Filtrieren, wurden früher zumeist an das Vieh verfüttert. Heute brennen viele kleine Brauereien daraus einen würzigen Bierschnaps. In Würgau macht man sogar eine deftige Biertreberwurst und schmackhafte Malzsemmeln daraus. Selbst Bierpralinen und ein feines Biergelee hat man im kulinarischen Angebot.

Auch der Wittelsbacher Hof im benachbarten Hollfeld war früher eine Bierwirtschaft. Der Bürgermeister selbst betrieb sie. Den Namen verdankt die Gaststätte einem längst vergangenen Stück Industriegeschichte. Die Wittelsbacher schürften damals rund um Hollfeld nach Eisenerz und richteten in dem Gasthof ihr Lohnbüro ein. Heute hat sich der Wittelsbacher Hof zu einem kleinen, aber feinen Landhotel gemausert, in dem der Chef Thomas Stößel hinreißend kocht: ein Meerrettichsüppchen mit geräucherter Forelle zum Beispiel, und als Hauptgang ein Lammfilet in Bärlauchkruste mit einem Kartoffelstrudel als Begleitung.

Wiener aus Franken

So luxuriös muss es nicht immer sein. Oft bestellt man sich „zwei Paar Wiener und eine Halbe Bier" – auch das kann köstlich munden. Kaum jemand weiß

Wittelsbacher

Die Wittelsbacher stammen von den oberbayerischen Grafen von Scheyern ab und benannten sich ab 1115 nach der Burg Wittelsbach bei Aichach. Sie beerbten 1248 das ausgestorbene Geschlecht der Andechs-Meranier, das ausgedehnte Besitzungen unter anderem in Franken hatte. So waren Bischof Ekbert, Erbauer des Bamberger Doms, und Johann II., Gründer der Kulmbacher Plassenburg, Andechser.

Die Wittelsbacher stellten ab 1180 die bayerischen Herzöge und wurden 1806 von Napoleon zu Königen befördert. Allerdings erlosch 1777 die bayerische Hauptlinie der Wittelsbacher, weshalb die kurpfälzische Nebenlinie auch die Herrschaft in Bayern bis zur Abdankung des letzten Bayernkönigs Ludwigs III. im Jahr 1918 übernahm.

jedoch, dass es ein wackerer Franke war, der die Wienerwurst erfunden hat. Johann Georg Lahner wurde 1772 in Gasseldorf bei Ebermannstadt geboren. Als Metzgerlehrling in Frankfurt lernte er erstmals eine Art Schweinswurst kennen und zog weiter nach Wien, wo er sich als Fleischhacker und Selcher selbstständig machte.

1805 kam ihm die geniale Idee: Er mischte Rind- und Schweinefleisch, kutterte es fein und füllte es in dünne Saitlinge. Das Ganze wurde zart in heißem Rauch gegart. Die Wiener waren begeistert, ihr Kaiser Franz Joseph auch. Jeden Morgen bestellte er sich fortan zwei Paar Wiener mit einem Glas Bier zum zweiten Frühstück. Bald darauf wurden die Wiener per Extrapost sogar zur Weltausstellung nach Paris gebracht.

Ihr Siegeszug war nicht mehr aufzuhalten. Lahner bezeichnete seine Wiener übrigens als „Frankfurter“ – die Österreicher und die Amerikaner nennen sie heute noch so. Beim 200. Geburtstag der Wienerwurst im Jahr 2005 kam der Bürgermeister von Gasseldorf-Ebermannstadt ins Sinnieren. Was wäre gewesen, wenn Lahner seine Würstchen „Gasseldorfer“ genannt hätte? Das Dorf wäre heute in aller Munde.

Immerhin: die Gasseldorfer haben sich Lahners Originalrezept urheberrechtlich schützen lassen. Wir sitzen im Büffetwagen der Museumsbahn, die von Ebermannstadt Richtung Behringersmühle rattert, und lassen uns zum Bier ein Paar Lahnersche „Wienerla“ schmecken. Die hat der Ebermannstädter Metzger Hübschmann gemacht, nach alter Handwerkstradition, so wie sein Vorgänger. Die Bahngleise winden sich am Ufer der Wiesent entlang, die Dampflok ist auch nicht mehr die Jüngste. Eine Dreiviertelstunde braucht sie für die 16 Kilometer lange Strecke.

Idyllische Herrschaftskutschen

Man könnte ja nun eigentlich zu Fuß von Behringersmühle zurück nach Ebermannstadt wandern. Oder man könnte sich im nahen Schloss Kühlenfels einen Aaglander mieten.

Der Unternehmer Roland Belz stellt diese Gefährte her, die Herrschaftskutschen aus vergangenen Tagen ähneln: Edelholz, Leder, poliertes Messing. Nur die Pferdestärken liefert ein kleines Motörchen. Gelenkt wird mit zwei Hebeln, die Zügeln ähneln. Über die Route informiert allerdings Satelliten-Navigation. Dieser Luxus der Langsamkeit hat jedoch seinen Preis – und so lassen wir es lieber. Aber einer Kutschenfahrt mit richtigen Pferden können wir dann doch nicht widerstehen und kehren mit fröhlichem Getrappel zum Marktplatz in Ebermannstadt zurück.

Hier steht der Schwanenbräu, der sein eigenes Bier ausschenkt, und dessen Küche in der ganzen Stadt gerühmt wird. Wer profund in die Kunst des Bierbrauens und des Schnapsbrennens eindringen will, bucht am besten gleich einen Kurzurlaub. Denn jeden Donnerstagvormittag ist Brauereibesichtigung mit Gerstensaftprobe und jeden Freitagabend Bren-

Gasthof Hagleite 1
Matthäus-Schneider-Straße 6
95326 Kulmbach
Tel.: 09221–4231
www.hagleite.de

Rustikale Gasträume, Terrasse mit Blick auf die Plassenburg. Gemütliches Speiselokal mit Saison-Gerichten und Bierspezialitäten.

Brauereigasthof Hartmann 2
Fränkische-Schweiz-Straße 26
96110 Würgau
Tel.: 09542–920300
www.brauerei-hartmann.de

Schöner alter Landgasthof mit stimmungsvollen Räumen. Wildspezialitäten aus eigener Jagd, fränkische und mediterrane Gerichte.

★ Bayerisches Brauereimuseum

Das Bayerische Brauereimuseum ist ein modernes Museum mit zahlreichen interaktiven Stationen. Gezeigt werden eine Brauerei in der guten alten Zeit um 1900 sowie ein Überblick über „Bierkultur im Wandel der Zeiten", Bierwerbung und Bierarchitektur einst und jetzt. Höhepunkt ist die „gläserne Brauerei", in der das Museumsbier gebraut wird. Nebenan liegt das Mönchshof-Bräuhaus mit rustikalen Räumen und großem Biergarten.
Täglich geöffnet außer Montag von 10–17 Uhr.

Information: Bayerisches Brauereimuseum,
Hofer Straße 20, 95326 Kulmbach,
Tel.: 09221–8051,
www.bayerisches-brauereimuseum.de

★ Deutsches Dampflokomotiv-Museum

Das fast 100 000 Quadratmeter große Museumsgelände ist mit seinen rund 30 Dampflokomotiven aus der Zeit zwischen 1909 und 1956 ein Dorado für Eisenbahnfans.
Zu sehen sind Betriebseinrichtungen, die im Dampfzeitalter dazugehörten, vom Kohlenhof bis zu den Wassertanks. Neuenmarkt, östlich von Kulmbach, liegt am interessantesten Streckenteil der Ludwig-Süd-Nord-Bahn. Hier verkehren zu vielen Terminen Dampfzüge und ein historischer Schienenbus.
Auskunft darüber gibt ebenfalls das Museum.

Information: Deutsches Dampflokomotiv-Museum,
Birkenstraße 5, 95339 Neuenmarkt,
Tel.: 09272–5700,
www.dampflokmuseum.de

★ Dampfbahn Fränkische Schweiz

Die 16 Kilometer lange Strecke durch das Wiesenttal von Ebermannstadt nach Behringersmühle zählt zu den schönsten Bahnstrecken Deutschlands. Sie wurde erst 1930 fertig gestellt, der reguläre Bahnbetrieb bereits 1976 wieder eingestellt. Inzwischen hatte sich aber ein privater Verein von Eisenbahnfreunden gebildet, der die Strecke als Museumsbahn erhält. Gefahren wird von Mai bis Oktober jeden Sonntag mit alten Dampf- oder Diesellokomotiven und historischen Zuggarnituren.

Informationen: Dampfbahn Fränkische Schweiz e.V.,
Postfach 1101, 91316 Ebermannstadt,
Tel.: 09194–794541,
www.dfs.ebermannstadt.de

★ Bierwandern

In der Fränkischen Schweiz gibt es auf 2000 Quadratkilometern 71 Privatbrauereien mit den dazugehörigen Gasthöfen. Unter anderem bieten Pottenstein, Waischenfeld und die Gemeinden des Ahorntals Brauereitouren beziehungsweise Bierwanderungen an. Ein Unikum ist das Dorf Aufseß mit vier Brauereien. Gut 30 Brennereien, vor allem in der Obstgegend um das Walberla, stellen auch Hochprozentiges her.

Info: Tourismuszentrale Fränkische Schweiz,
Oberes Tor 1, 91320 Ebermannstadt,
Tel.: 09194–797779,
www.fraenkische-schweiz.com

★ Annafest Forchheim

Das Annafest ist eines der stimmungsvollsten und beliebtesten Volksfeste in Franken. Es findet jeweils in der Woche um den Namenstag der Heiligen Anna (26. Juli) statt. Vom eigentlichen Anlass, einer Wallfahrt, ist allerdings nur mehr wenig zu spüren. An 20 000 Sitzplätzen im Kellerwald wird das gute Bier der Forchheimer Brauereien getrunken, auf zahlreichen Podien Musik gemacht.
Alle fünf Jahre leisten sich die Forchheimer zum Annafest auch einen Festzug. Im Jahr 2005, zum 1200-jährigen Stadtjubiläum, war er besonders prächtig.

Info: www.annafest-forchheim.de

Aaglander fahren – ein herrschaftliches Vergnügen!

nereiführung mit Probierschnaps. Und als Verpflegung gibt es natürlich den fränkischen Schweinebraten: knuspriges Schäufele in Kümmel-Biersoße.

In der Fränkischen Schweiz findet man viele solcher Angebote, die das Bierbrauen zum Erlebnis werden lassen. Brauereiwanderungen – auf Wunsch mit Rücktransport – bieten die Gemeinden Pottenstein, Waischenfeld und die Dörfer des Ahorntals an. Am einfachsten hat es der Bierwanderer in der Gemeinde Aufseß bei Hollfeld. Sie steht seit einigen Jahren im Guinness-Buch der Rekorde: Auf 1500 Einwohner kommen hier vier Brauereien – Weltrekord! Wer alle besucht und natürlich auch überall probiert hat, bekommt von der Gemeinde eine Urkunde.

Historisch gewachsene Vielfalt

Die Vielfalt der Brauereien in der Fränkischen Schweiz und in ganz Oberfranken hat historische Gründe. Das Bierbrauen war im Mittelalter kein Gewerbe oder Handwerk, das die Zünfte regelten, sondern ein Recht, das mit dem Haus oder der Familie verbunden war. Märkte und Städte besaßen häufig auch ein gemeinsames Braurecht ihrer Bürger. In solchen Kommunbrauereien sott einmal der eine, einmal der andere sein Bier ein und verkaufte es an seine Mitbürger. Aus diesen Gemeinschaftseinrichtungen gingen ab dem 17. Jahrhundert zahlreiche Privatbrauereien hervor. In der Fränkischen Schweiz war es auch der Brauch, dass die Bauern ihre selbst

Landhotel Wittelsbacher Hof 3
Langgasse 8
96142 Hollfeld
Tel.: 09274–90960
www.wittelsbacher-hof-hollfeld.de

Komfortables Landhotel in günstiger Lage für Ausflüge nach Bayreuth und Bamberg. Danach wartet der Wirt mit exzellenter Kochkunst auf.

Hotel-Restaurant Schwanenbräu 4
Am Marktplatz 2
91320 Ebermannstadt
Tel.: 09194–767190
www.schwanenbraeu.de

Gutbürgerlicher Hotel-Gasthof in der Ortsmitte. Zur schmackhaften fränkischen Küche gibt es Biere und Obstbrände aus eigener Herstellung.

Rathausplatz in Forchheim

angebaute Gerste zum Bräu brachten und ihr eigenes Bier brauen ließen.

Das frisch vergorene Bier wurde dann in Fässern nach Hause geschafft, wo es im eigenen Keller noch nachreifte. Diese Keller muss man sich aber nicht unter den Wohngebäuden vorstellen. Sie wurden in bewaldete Hügel oder Abhänge aus Sandstein gegraben. In einem solchen „Kellerwald" besaß jeder sein eigenes Gewölbe, vergleichbar den Kellergassen in den Weingegenden Österreichs. Hier, in der Nähe des „Stoffes", wurden dann auch die gemeinsamen Feste gefeiert.

Das berühmteste dieser Kellerfeste ist das Annafest in Forchheim Ende Juli. Es entwickelte sich aus einer Wallfahrt zum Annakirchlein im nahen Unterweilersbach. Auf dem Rückweg machten die Pilger im Kellerwald Station. Ihre Angehörigen waren ihnen schon mit einer zünftigen Brotzeit entgegengezogen. Das wurde dann ein sehr lustiger Abend. Und offenbar brauchten die Forchheimer schon bald keine Wallfahrt als Vorwand mehr. Ein auswärtiger Kritiker warf ihnen 1792 vor, dass sie zu oft auf ihre Keller liefen: „Wenn sie ihre Zuneigung zum Biergenuss etwas mäßigen wollten, könnten sie bei der unbestreitbaren Wohlhabenheit ihrer Gegend und der günstigen Lage der Stadt viel reicher werden als diese bisher sind."

Trotz dieses Verdikts hielten die Forchheimer zäh an ihrem Kellerwald fest. Und man kann sagen, dass er inzwischen sehr zu ihrer Wohlhabenheit beiträgt. Das Annafest ist eines der größten Bierfeste in Franken. An den zehn Festtagen kommen hunderttausende von Besuchern hierher, um das süffige Bier der vier Forchheimer Brauereien zu kosten.

Vom Wein über Bier zum Whisky

Man könnte sich auch kaum eine romantischere Gegend zum Feiern vorstellen. Der Kellerberg im Osten der Stadt ist von 200 Jahre alten Bäumen bestanden. Darunter führen 28 historische Keller tief in den Sandstein hinein. Die ältesten von ihnen sind schon vor dem Dreißigjährigen Krieg entstanden. Doch erst danach löste im Regnitztal zwischen Bamberg und Nürnberg das Bier den Wein als Volksgetränk ab. Die Rebgärten waren durch den Krieg auf Jahre vernichtet, da griff man zum Gerstensaft. Ende des 18. Jahrhunderts gab es in Forchheim 180 Familien, die gegen Erlegung eines Kesselzinses in den beiden Kommunbrauhäusern ihr eigenes Bier brauen durften.

Genug des Biers! Man kann mit der guten fränkischen Malzgerste auch etwas ganz anderes machen. Im Dorf Neuses an der Regnitz, ein paar Kilometer südwestlich von Forchheim, steht Frankens erste und einzige Whisky-Destille mit dem vielversprechenden Namen „Blaue Maus". Bis zum Jahr 1983 hatte Robert Fleischmann preisgekrönte Obstschnäpse gebrannt, wie viele in der Gegend. Dann hatte ein Freund die ausgesprochene „Schnapsidee": „Versuch's doch mal mit Whisky!" Gesagt, getan – der Single Malt Whisky ließ Fleischmann nicht mehr los. Das Malz wird zwar nicht überm Torffeuer gedarrt, wie bei den Schotten. Dennoch erntet dieser ganz besondere fränkische Gerstensaft bei Kennern höchste Anerkennung. So beenden wir unsere Reise durch Bierfranken also mit einem Single Malt in der Seemannskneipe der Blauen Maus: süße Malz- und herbe Eichenholztöne – man könnte sich daran gewöhnen.

Kathrinenspital in Forchheim

Whisky

Seinen Namen hat der Kornschnaps vom gälischen Wort *uisge beatha*, was „Lebenswasser" bedeutet. Im schottischen Hochland ist Whisky seit dem 15. Jahrhundert belegt. Das Gerstenmalz wird dort über Torffeuer gedarrt, was dem Scotch den typischen Rauchgeschmack gibt. „Single Malt" wird nur aus Gerste hergestellt, „Rye" aus Roggen und „Bourbon" aus Mais gebrannt. Der teure „Malt" wird häufig mit anderem Kornschnaps (Grain) verschnitten und heißt dann „Blended". Neben dem „Scotch" sind der „Irish Whiskey", der „Canadian" und der amerikanische „Bourbon" die Hauptgeschmacksrichtungen. Seine Bernsteinfarbe erhält der Whisky durch das jahrelange Reifen in Eichen-, manchmal auch Sherry-Fässern.

Kulmbacher Bierfleisch mit Gemüse und Fränkischen Klößen

4 Personen

Fleisch:

- 800 g – 1 kg falsches Filet (oder Hüfte vom Rind)
- 100 g fetter Speck zum Spicken
- Salz
- Pfeffer (weiß, gemahlen)
- 50 g Schmalz
- 200 g Zwiebeln, in grobe Stücke geschnitten
- 20 g Zucker
- 5 cl Rotweinessig
- 250 ml Wasser, Brühe oder Fond
- 1 Zwiebel, halbiert
- 2 Loorbeerblätter
- 4 Gewürznelken
- 300 ml Eisbock (Starkbier)

Gemüse:

- 40 g Mehl
- 20 g Butter
- 100 g Lauch, geschnitten
- 100 g Sellerie, gewürfelt
- 100 g Karotten, gewürfelt
- 50 g Kohlrabi, gewürfelt
- 50 g Staudensellerie, geschnitten
- 200 g Crème fraîche

Fränkische Klöße:

- 800 g rohe Kartoffeln, gerieben
- 400 g gekochte Kartoffeln
- Salz
- 1 Päckchen Kloßweiß
- 1 altes Brötchen
- Butterschmalz
- Kartoffelstärke
- Petersilie, gehackt

Fleisch:

Speck in dünne Streifen schneiden und anfrieren. Fleisch mit der Faser spicken. Salzen und pfeffern. In heißem Schmalz von allen Seiten anbraten. Fleisch herausnehmen.

Grobe Zwiebelstücke goldgelb anrösten, Zucker dazugeben, braun werden lassen. Mit Rotweinessig ablöschen und mit Fond, Brühe oder Wasser auffüllen. Die mit Lorbeerblättern und Nelken gespickte Zwiebel in den Fond geben und mit ca. 200 ml Eisbock auffüllen. Das Fleisch dazugeben und mit geschlossenem Deckel ca. 90 Minuten bei 160–180 Grad im Ofen garen.

Kurz vor Ende der Garzeit den restlichen Eisbock zufügen. Fleisch herausnehmen. (Tipp: Es ist gar, wenn mit einem Schaschlikspieß gestochen, heller Saft austritt.)

Gemüse:

Mehl in Butter goldgelb anschwitzen, mit dem passierten Fond aufgießen und glattrühren. Gemüse dazugeben und ca. 8–10 Minuten weichkochen. Mit Crème fraîche verfeinern.

Fränkische Klöße:

Die geriebenen rohen Kartoffeln im Kartoffelsäckchen auspressen. Gekochte Kartoffeln durch eine Kartoffelpresse drücken, in den rohen Kloßteig geben und mit etwas Salz und Kloßweiß verkneten. Abgesetzte Kartoffelstärke von den rohen Kartoffeln dazugeben und vermengen. Brötchen in kleine Würfel schneiden und in Butterschmalz rösten. Handgroße Kugeln formen, eine Mulde eindrücken, die gerösteten Würfel hineindrücken und nochmals formen. Wasser zum Kochen bringen und die Klöße ca. 20 Minuten darin sieden.

Anrichten:

Das Fleisch aufschneiden und mit Soße und Gemüse bedecken.
Die Klöße mit einem Siebschöpflöffel aus dem heißen Wasser nehmen, mit Petersilie bestreuen und dazu servieren.

Rezept:
Gasthof Hagleite in Kulmbach

Festliches Franken

Prächtige Residenzen, zum Himmel strebende Kirchen, farbenfrohe Bürgerfeste – dieser Dreiklang macht Franken aus. Feste und Festlichkeiten sind dort immer gern gesehen. Ein Grund zum Feiern findet sich allemal: Das Schlappenfest in Hof erinnert an eine wehrhafte Bürgerinitiative. Bei den Faust-Festspielen in der Kronacher Festung Rosenberg nähert man sich Goethe auf höchst unterhaltsame Weise. Den luftigsten Tanzboden Frankens haben die Limmersdorfer. Sie feiern Kirchweih in der Krone ihrer uralten Dorflinde. Doch auch der Sonntagsschmaus im Gasthof gerät den Franken zum Festmahl. Frömmigkeit hingegen drückt sich im ernsten romanisch-gotischen Dom von Bamberg aus, aber auch in der jubilierenden Barockbasilika von Gößweinstein. Die Eremitage in der Markgrafenstadt Bayreuth ist eines der schönsten Beispiele für fürstliche Gartenlust. Begleiten Sie uns auf diesem Spaziergang durch die festliche Vielfalt Frankens.

Eigene Sprache und Lebensphilosophie

Die Hofer rühmen sich „in Bayern ganz oben" zu sein. Und das meinen sie nicht nur geographisch. Immerhin: Welche Stadt vergleichbarer Größe hat ein eigenes Theater, ein eigenes Symphonieorchester und Internationale Filmtage? Der Eigenheiten gibt es noch viele, die Sprache zum Beispiel. „Ho" oder auch „Hao" sagt der Hofer, wenn er seine Zustimmung bekunden möchte. „Mach kanna Mängängala" warnt er, wenn sein Gegenüber Mätzchen macht.

Stolz sind die Hofer auch auf ihren „Wärschtlamo" – sie haben ihm sogar ein Denkmal gesetzt. Acht dieser Würstchenverkäufer befriedigen den Heißhunger der Hofer. Sie tragen wie vor 100 Jahren eine „Patschkappen", eine flache Schiebermütze. Dazu kommt die „lederna Juppn", die wetterfeste schwarze Lederjacke und „a weisa Scherzn", eine weiße Schürze. Das Arbeitsgerät besteht aus einem blankgeputzten Messingkessel, unter dem ein Holzkohleöfchen die Würste in heißem Dampf erwärmt. Am anderen Arm hängt ein Henkelkorb mit „Laabla", den frischgebackenen Semmeln. Wohlgemerkt: der Wärschtlamo schlägt nicht irgendwo eine Imbissbude auf, sondern zieht mit diesem gewichtigen Inventar durch die Stadt.

Der erste Wärschtlamo hieß „Jahns-Gerch" (Georg Jahn) und wurde von seinem Metzgermeister 1881 mit „heißen Hofern" auf die Straße geschickt. Vier Sorten sind das traditionell: die „Wienerla", die „Gnagger" (Knackwurst), die „Bauern" und die „Weisa" (Weißwurst). Angepriesen werden sie mit dem Zuruf: „Haaß sensa, kold wernsa" („heiß sind sie, kalt werden sie") – einem Stück Lebensphilosophie, dem kaum ein Hofer widerstehen kann.

Johannes Hus

Der um 1370 in Husinec (Südböhmen) geborene Bauernsohn stieg bis 1409 zum Rektor der Universität Prag auf. Er schuf eine einheitliche Schriftsprache und gilt als Vater der tschechischen Literatur. Als Kirchenreformer wandte er sich gegen Güterbesitz und Verweltlichung des Klerus und strebte eine tschechische Nationalkirche an. Hus wurde vom Papst exkommuniziert und – unter dem Versprechen freien Geleits – zum Konzil nach Konstanz geladen. Hier wurde er verhaftet und 1415 als Ketzer verbrannt. Seine Anhänger, die Hussiten, fügten den kaiserlich-päpstlichen Heeren empfindliche Niederlagen zu, bis man 1433 mit religiösen Zugeständnissen Frieden schloss.

Kriegerisches Hof

Auch einen eigenen „Nationalfeiertag" haben die Hofer, nämlich den Schlappentag am Montag nach Trinitatis (erster Sonntag nach Pfingsten). Für die Erklärung dieses Tages müssen wir ein bisschen in die Geschichte zurückgreifen. Trotz Zusage freien Geleits wurde der böhmische Kirchenreformator Johannes Hus 1415 in Konstanz als Ketzer verbrannt. Seine wütenden Anhänger führten fast zwei Jahrzehnte lang einen erfolgreichen Krieg gegen Papst und Kaiser. Am 25. Januar 1430 wurde die Stadt Hof ohne nennenswerten Widerstand von den Hussiten gestürmt und völlig verwüstet.

Das sollte nicht noch einmal geschehen. Der Markgraf von Brandenburg riet den Hofern zur Aufstellung einer schlagkräftigen Bürgerwehr. Er versprach ihnen zehn Jahre Steuerfreiheit unter der Bedingung, dass die Bürger Feuerwaffen kaufen und fleißig trainieren. Gesagt, getan: Schießprügel wurden angeschafft und jeder Handwerker vom Magistrat zur Übung verpflichtet. Besonders kriegerisch scheinen die Hofer aber wohl nicht gewesen zu sein. Erst am letzten Schießtag, dem Montag nach Trinitatis, eilten sie mit Schlappen (Holzschuhen) auf den Platz, um ihrer Pflicht Genüge zu tun.

Neugierige Eisenbahnerkühe

So bietet sich den Zuschauern des Festzugs am Schlappentag ein recht seltsamer Anblick. Die Schützen, Bäcker, Metzger und Kaminkehrer sind alle sauber herausgeputzt. An den Füßen aber tragen sie Pantoffeln. Morgens um acht trifft man sich, um neun Uhr nimmt der Bürgermeister am Rathaus die Parade ab. Dann geht es durch die Stadt zum Festplatz am Schießhäuschen. Ein Schlappenbier wird zu diesem Anlass eigens eingesotten und der Schlappenkönig nimmt als erster einen tiefen Schluck davon.

Der Schützenkönig wird schon am vorausgehenden Sonntag ermittelt. Man lädt dazu Handwerker, Lokalpolitiker und andere verdienstvolle Bürger ein. Wer nicht erscheint, muss ein Bußgeld bezahlen. Andererseits: die Sache lohnt sich. In alter Zeit wurden die Sieger mit Steuerfreiheit belohnt. Das kann sich heute keine Stadt mehr leisten. Heute darf der Schlappenkönig stattdessen ein Jahr lang kostenlos parken.

Angus-Rinder

Ganz ohne Gentechnik gelang den Schotten vor gut 200 Jahren aus alten keltischen Landrassen die Zucht des idealen Fleischrinds: hornlos, gutmütig, gleichermaßen muskelbepackt wie fett. Die schwarzen Angus, benannt nach der gleichnamigen Stadt, sollten den Fleischbedarf des beginnenden Industriezeitalters decken.

Deutsche Rassen mussten dagegen Multitalente sein: Arbeitstiere, Milchspender und Fleischlieferanten. Seit 1956 gibt es auch Deutsch-Angus mit eingekreuzten einheimischen Rassen. Wer bestes Angus-Fleisch will, sollte auf den Zusatz „aus Weidehaltung" achten. Wenn sich die Angus selbst ihr Futter suchen müssen, wandert das Fett ins Fleisch und marmoriert es.

Bockspfeifer und Eisenbahnerkühe

Die Hofer „Wärschtla" in allen Ehren – im nahen Selbitz wartet aber jetzt ein seltener Leckerbissen auf uns, nämlich eine Zickleinkeule. Der Wirt Peter Hagen bereitet sie uns im Gasthof Goldene Krone auf „Großmutter Art" zu. Ziegen sind selten geworden, auch in Selbitz. Früher nannte man die genügsamen Tiere „Eisenbahnerkühe", jeder Tagelöhner hatte möglichst eine davon. In und um Selbitz gab es viele Eisenbahnerkühe. Denn mit Reichtümern waren die Bürger nicht gesegnet. Man nannte sie auch „Bockspfeifer", weil viele von ihnen mit dem Dudelsack über die Dörfer zogen, um ein paar Groschen zu verdienen. Für die Selbitzer ist das heute ein Ehrenname. Sie führen den Bockspfeifer sogar im Stadtwappen.

Die Familie Hagen hält sich noch eine kleine Ziegenherde. Das Milchzicklein, das der Wirt serviert, darf nicht älter als sechs Monate sein. Sein helles und sehr zartes Fleisch ist eine Delikatesse. Man bekommt es nur in den Monaten April bis September, weil die Ziegen am Ende des Winters lammen.

Eine ganze Reihe von Wirten im Frankenwald leistet sich den Luxus einer eigenen Zucht, um ihren Gästen beste Fleischqualität bieten zu können. In Haig, nördlich von Kronach, begegnet uns auf der Wiese eine Herde mit Angus-Rindern. Die schottische Rasse genießt unter Steak-Liebhabern einen legendären Ruf, ihres zarten und marmorierten Fleisches wegen. Die urigen Viecher gehören zum Landgasthof Detsch, den Barbara Detsch und ihr Mann Manfred Schagar führen. Solch feines Fleisch gehört nicht unbedingt in die Pfanne, findet Schagar. Er aromatisiert Lendensteaks mit Thymian, Rosmarin und einem Hauch Knoblauch. In blütenreiches Magerwiesen-Heu eingepackt gart das Fleisch dann über heißem Dampf.

Faust im Kino

Die Kronacher Festung Rosenberg, einst Bollwerk der Bamberger Fürstbischöfe, galt als ein Glanzstück der Kriegsbaukunst. Die Hussiten, der Markgraf Albrecht Alcibiades, die Schweden im Dreißigjährigen Krieg – alle bissen sich an ihren Mauern die Zähne aus. Heute hallt der Burghof nicht vom Waffenlärm, sondern vom Beifall wider. Die Faust-Festspiele stehen unter dem Motto „Theater wie Kino". Will heißen: höchstens 100 Minuten, ohne Pause und nur die Highlights.

Das gilt auch für Goethes Tragödie in zwei Teilen, die selbstredend zum Pflichtprogramm gehört. Intendant Daniel Leistner reserviert sich darin die Glanzrolle – der Mephisto ist das natürlich und nicht der Faust. Auch beim übrigen Spielplan zeigt der Herr Direktor Theaterverstand: Rares wählt er, wie zum Beispiel Beaumarchais „Figaro" und Schillers Turandot-Bearbeitung. Besonders liebt er August von Kotzebue, den mit über 200 Stücken fleißigsten und meistgespielten Autor der Goethezeit.

August von Kotzebue

Kotzebue wurde 1761 in Weimar geboren und führte ein buntes Leben: Günstling Zarin Katharinas, Theaterdirektor in Wien und Petersburg, auch ein Jahr Verbannung in Sibirien, zuletzt russischer Staatsrat. Dazwischen schrieb Kotzebue 200 Dramen, Lust- und Singspiele und zeugte 13 Kinder. Seine Spottlust machte vor niemandem Halt. Nicht vor den Klassikern Goethe und Schiller und den gefühlvollen Romantikern und schon gar nicht vor der Deutschtümelei der Burschenschaften. Das war sein Verhängnis: 1819 wurde er von dem Studenten Carl Ludwig Sand erstochen.

Als Intendant in Weimar schätzte Goethe den fleißigen und witzigen Autor. Er spielte 87 Stücke von ihm, um „die Zuschauer zu unterhalten und der Casse zu nutzen".

Bischöfliche Lieblingsresidenz

War Kronach die Trutzburg, so blieb Bamberg die Lieblingsresidenz der Fürstbischöfe. Ihre Glanzzeit erlebte die Stadt während des Barocks unter der bauwütigen Adelsfamilie der Schönborns, die sowohl in Bamberg wie in Würzburg die Bischöfe und damit die Stadtherren stellten. Die vorausgehenden Jahrhunderte waren von kriegerischen Auseinandersetzungen gekennzeichnet. Wir begegnen dabei Akteuren, die wir schon aus Hof und Kronach kennen. Im Zuge der Hussiteneinfälle kam es zum Konflikt zwischen dem Bischof und der Bürgerschaft, die die mangelnde Befestigung der Stadt beklagte und sich gegen die Steuerprivilegien des Klerus auflehnte.

In diese Zeit fällt der Bau des gotischen Rathauses, das wie ein Schiff auf einer künstlichen Insel in

Gasthof und Pension Goldene Krone 1
Bahnhofstraße 18
95152 Selbitz
Tel.: 09280–235
www.krone-selbitz.de

Schönes Standquartier zur Erkundung des Frankenwalds. Wirt Peter Hagen kocht abends Schmankerl nach Rezepten aus Großmutters Küche.

Landgasthof Detsch 2
Coburger Straße 9
96342 Stockheim-Haig
Tel.: 09261–62490
www.landgasthof-detsch-haig.de

Kleines Landhotel nordwestlich von Kronach mit vorzüglicher Küche, unter anderem Rindfleisch-Gerichte von der eigenen Angus-Herde.

Bamberger Rathaus

Kaiserdom

Der viertürmige Kaiserdom von Bamberg ist eines der bedeutendsten Kunstwerke Frankens. Er wurde 1237 unter Bischof Ekbert aus dem Adelsgeschlecht Andechs-Meranien begonnen und markiert den Übergang von der Romanik zur Gotik.

Zu den wichtigsten Sehenswürdigkeiten zählen das Hochgrab des Kaiserpaares Heinrich und Kunigunde von Tilmann Riemenschneider, der Marienaltar von Veit Stoß und die Steinfigur des „Bamberger Reiters“. Wen er darstellt und wer ihn geschaffen hat, ist trotz zahlreicher Nachforschungen bis heute ungeklärt.

Im Dom befindet sich auch das einzige Papstgrab nördlich der Alpen. Clemens II. fand hier seine letzte Ruhe.

der Regnitz verankert ist. Der Bischof wollte kein Grundstück für diesen Ausdruck des Bürgerstolzes zur Verfügung stellen; deswegen bauten sich die Bamberger Bürger kurzerhand ein Rathaus in den Fluss. Das Rathaus dokumentiert auf eindrucksvolle Weise, wie Bamberg, durch den Fluss geteilt, in eine Bischofsstadt und eine Bürgerstadt auseinander fällt, und wie man doch zusammen leben musste. Mitten durch das Rathaus führt die Torbrücke, die den Domberg mit der Unterstadt verbindet. Den Hussiten folgten andere Plagen, die Bamberg bedrohten und teilweise zerstörten: 1553 der protestantische Markgraf Albrecht Alcibiades von Brandenburg-Kulmbach, der ganz Franken unter seiner Hand vereinen wollte. 80 Jahre später kamen die Schweden, gleich zweimal, weil ihnen diese offene Stadt keinen Widerstand zu leisten vermochte.

So konnte Bamberg erst im Barock wieder an die große Vergangenheit anknüpfen. Im Jahr 1007 hatte Kaiser Heinrich II. das Bistum Bamberg gegründet. Im mächtigen Dom liegt er mit seiner Gattin Kunigunde begraben. Dem heilig gesprochenen Kaiserpaar setzte in der Spätgotik Frankens größter Bildhauer Tilman Riemenschneider ein würdiges Denkmal. Ebenso bekannt ist der „Bamberger Reiter“, der – genau wie der Dom – den Übergang von der Romanik zur Gotik dokumentiert.

Kulinarisches Bamberg

Auch kulinarisch hat sich Bamberg einen Namen gemacht, der allerdings manchmal für Verwirrung sorgt. Das Bamberger Hörnla (je nach Landsmannschaft auch „Hörnchen“ oder „Hörndl“ genannt) gibt es nämlich gleich zweifach. Einmal ist es eine der besten Kartoffelsorten, die man bekommen kann: länglich, fest kochend und von nussartigem Geschmack. Zum anderen nennt man so auch ein Blätterteig-

Bamberger Hörnla

gebäck, das dem Croissant oder dem Wiener Kipferl ähnlich ist. Wie Letzteres ist es zu einem Halbmond gebogen. Von den Bambergern wird natürlich heftig bestritten, dass ihr Hörnla 1683 von den Wienern zur Feier des Endes der Belagerung durch die Türken erfunden worden sei. Schon 300 Jahre vorher habe es in Bamberg einen Pfister (Bäcker) Hornlein gegeben, was ja wohl auf fränkische Urheberschaft hinweise.

Größtes Bamberger Volksfest ist die fünftägige Sandkerwa Ende August, die Scharen von Besuchern anzieht. Den Höhepunkt dieses Kirchweihfestes bildet ein Fischerstechen, bei dem sich die Kontrahenten von flachen Booten aus in die Regnitz zu schubsen versuchen. Die Sandkerwa ist noch gar nicht so alt. Erst 1951 hatte der Bürgerverein des ehemaligen Fischerviertels Sand die Idee, doch wieder das Patrozinium der Kirche St. Elisabeth zu feiern. Schnell entwickelte sich die Sandkerwa zu einem der beliebtesten Feste in Franken. Nachträglich stellte sich durch den Fund einer alten Rechnung heraus, dass man eine uralte Idee aufgegriffen hatte. Im 16. Jahrhundert gab es auch schon ein solches Fest.

Kerwa in der Linde

Die meisten Kirchweihfeste in Franken sind mehrere 100 Jahre alt. Eines der bekanntesten ist die Lindenkerwa in Limmersdorf nordwestlich von Bayreuth. Hier steht noch eine der letzten Tanzlinden in Deutschland. Der Tanzboden befindet sich sozusagen im ersten Stock, in der Krone des mächtigen Baumes mit fünf Meter Stammumfang. Gepflanzt

Luftiger Tanzboden – glückliche Paare

★ **Schlappentag**

Der Hofer Schlappentag findet am Montag nach Trinitatis, also eine Woche nach dem Pfingstmontag statt. Er beginnt um 8 Uhr mit dem Treffen der Handwerker und Schützen am Schießhäuschen (Schießgraben 2). Im Festzug geht es dann zum Rathaus, wo um 9 Uhr der Oberbürgermeister die Schlappenschützen empfängt. Um 9.45 Uhr ziehen dann alle wieder durch die Stadt zum Schießhäuschen, wo das erste Fass Schlappenbier angestochen und bis 21 Uhr gefeiert wird.

Info: www.scheibenschuetzen-hof.de

★ **Internationale Hofer Filmtage**

Rainer Werner Faßbinder, Werner Herzog, Wim Wenders haben hier ihre ersten Streifen gezeigt – die Hofer Filmtage genießen internationales Renommee. Immer in der letzten Oktoberwoche, von Mittwoch bis Sonntag, gibt es fünf Tage lang in acht Kinos 130 Vorstellungen.

Info: Internationale Hofer Filmtage, Altstadt 8, 95028 Hof, Tel.: 09281–85440, www.hofer-filmtage.de

★ **Faust-Festspiele**

Seit über zehn Jahren wird im Juli und August im Burghof der Kronacher Festung klassisches Theater gespielt: Goethes Faust I und II, dazu zwei weitere populäre aber keineswegs seichte Inszenierungen. Viele Besucher kommen im Herbst noch einmal nach Kronach, wenn in der Werkbühne ein Stück des Theater-Tausendsassas Kotzebue gespielt wird.

Informationen: Tourismus- und Veranstaltungsbetrieb der Stadt Kronach, Marktplatz 5, 96317 Kronach, Tel.: 09261–97242, www.faust-festspiele.de

★ **Sandkerwa Bamberg**

Die Sandkerwa am 4. Augustwochenende ist das größte Volksfest Bambergs. Von Donnerstag bis Montag wird in der Altstadt und vor der malerischen Kulisse des Fischerviertels „Kleinvenedig" gefeiert. Ein Höhepunkt ist das Fischerstechen am Sonntag.

Informationen: Tourismus & Kongress-Service, Geyerswörthstr. 3, 96047 Bamberg, Tel.: 0951–2976200, www.bamberg.info/

★ **Kaiserdom in Bamberg**

Der Dom ist täglich von 8–17 Uhr geöffnet. Wegen der Gottesdienstzeiten empfiehlt sich eine Besichtigung werktags ab 9 Uhr und am Sonntag erst nachmittags.

★ **Lindenkirchweih Limmersdorf**

Die Limmersdorfer Kirchweih richtet sich nach dem Namenstag von St. Bartolomäus (24. August). Fällt dieser auf einen Sonntag, wird an diesem Tag gefeiert, sonst am Sonntag danach. Wie in Franken üblich gibt es aber von Donnerstag bis Samstag schon eine Wirtshauskerwa und am Montag und Dienstag noch eine Nachkerwa. Limmersdorf ist ein Ortsteil des Marktes Thurnau.

Informationen: Markt Thurnau, Oberer Markt 28, 95349 Thurnau, Tel.: 09228–9510, www.thurnau.de

★ **Töpferei Thurnau**

Seit dem 14. Jahrhundert sind in Thurnau Töpferbetriebe nachweisbar. Immer noch sind eine Reihe von Betrieben ansässig, ein Museum informiert über Geschichte und Techniken der Töpferei, viermal im Jahr finden Töpfermärkte statt.

Das Museum ist von April bis September, Dienstag mit Samstag 14–17 Uhr, Sonntag 11–17 Uhr geöffnet. Von Oktober bis 6. Januar und im März nur am Samstag und Sonntag geöffnet.

Anschrift: Töpfermuseum, Kirchplatz 12, 95349 Thurnau, Tel.: 09228–9510, www.toepfermuseum-thurnau.de.

Der älteste Betrieb ist die „Töpferei am See", Am Damm 2, 95349 Thurnau, Tel.: 09228–1652, www.thurnauerkeramik.de

★ Eremitage Bayreuth

Die Eremitage, 5 Kilometer östlich von Bayreuth gelegen, mit dem alten und neuen Schloss, zahlreichen Grotten, Brunnen und Wasserspielen ist eine der meistbesuchten Gartenanlagen Deutschlands. Öffnungszeiten Altes Schloss: April bis September 9–18 Uhr, 1.–15. Oktober 10–16 Uhr. Wasserspiele von Mai bis Mitte Oktober täglich 10–16 Uhr jede volle Stunde, zehn Minuten später in der Unteren Grotte.

Adresse: Eremitage 1, 95420 Bayreuth, Tel.: 0921–7596937, www.bayreuth.de

★ Basilika Gößweinstein

Die barocke Dreifaltigkeitsbasilika zu Gößweinstein ist die größte und bedeutendste Kirche der Fränkischen Schweiz. Balthasar Neumann, berühmt durch die Würzburger Residenz, baute sie im Auftrag des Fürstbischofs Friedrich Carl von Schönborn von 1730 bis 1739.
Ein Kuriosum: der Bischof wollte keine Fresken und wies mehrere Vorschläge zur Ausmalung strikt zurück. Die Deckenmalereien von Waldemar Kolmsberger entstanden erst 1915 bis 1927. Den Ehrentitel „Basilika" verlieh 1948 Papst Pius XII. der Kirche.

Informationen: Katholisches Pfarramt z. Hl. Dreifaltigkeit, Balthasar-Neumann-Str. 2, 91327 Gößweinstein, Tel.: 09242–264, www.pfarrgemeinde-goessweinstein.de

★ Weingut Hirn

Das „Weinparadies" von Matthias Hirn mit seiner phantastischen Architektur in bunten Farben verkörpert das Bestreben junger fränkischer Winzer, eine Weinprobe zum Erlebnis für alle Sinne zu machen. Dazu gehört auch eine „Heckenwirtschaft" mit modernen, leichten Gerichten.

Info: Im Weinparadies, Dipbacher Straße 8, 97247 Untereisenheim, Tel.: 09386–388, www.weingut-hirn.de

wurde die Linde irgendwann im 17. Jahrhundert. Eine Überlieferung besagt, sie sei 1648 zum Ende des Dreißigjährigen Krieges auf dem Dorfplatz gepflanzt worden; eine andere berichtet, dass sie 1680 ein junger Bauer gestiftet hat – zur Erinnerung daran, dass er in diesem Jahr Platzbursch, also Organisator der Kirchweih war.

Gefeiert wird an den Tagen um Bartholomäus (24. August) – ein beliebter Termin, weil die Ernte dann meist abgeschlossen ist. Einen romantischeren Kerwa-Platz kann man sich kaum vorstellen. Zwei weitere Linden, als Windschutz für den Tanzbaum gepflanzt, rahmen ihn zusammen mit einer Sandsteinmauer ein. Nach wie vor sind vier Dorfburschen (Plootzbum) für alles verantwortlich. Als Helferinnen suchen sie sich vier ledige Mädchen, die Plootzmadla. Das Fest beginnt am Donnerstag und Freitag mit der Wirtshauskerwa, bei der zum Bier Krenfleisch und Siedwörscht aufgetischt werden. Am Samstagabend, nach dem Gebetsläuten um sechs Uhr, gibt es eine musikalische Andacht in der nahen Johanneskirche. Dann sticht der Bürgermeister auf dem Festplatz das erste Fass Bier an.

Die eigentliche Kerwa am Sonntag folgt überall in Franken dem gleichen Ritual. Die Platzburschen holen ihre Mädchen zu Hause ab und eröffnen mit ihnen unter der Linde den Ehrentanz. Dann trennt man sich und sucht neue Partner im Publikum, wobei die Burschen den Mädchen ein kleines Geschenk (Kerwa kaafn) machen müssen. Das Ganze wiederholt sich auf dem Tanzboden in der Linde, der auf soliden Säulen aus Sandstein steht. Auch am Montag wird noch gefeiert, zumindest mit einem Frühschoppen und einem Tanz am Abend, während man zwischendurch seinem Tagwerk nachgeht. Am Dienstagabend ist Nachkerwa. Ein „Kerwapfarrer" lässt humorvoll die Ereignisse Revue passieren. Feierlich wird die Treppe zum Tanzboden eingeholt.

Basilika zu Ehren der Heiligsten Dreifaltigkeit in Gößweinstein

Töpfer- und Gartenkunst

Limmersdorf ist heute nach Thurnau eingemeindet, der Töpferstadt Frankens. Ein halbes Dutzend Töpfereien hat hier seine Werkstätten, in der alten Lateinschule wurde ein eigenes Museum eingerichtet, und viermal im Jahr ist Töpfermarkt. Seit dem 14. Jahrhundert lassen sich hier so genannte Häfner nachweisen. Die älteste noch bestehende Werkstatt ist die „Töpferei am See", die um 1760 errichtet wurde.

Von Thurnau ist es nicht weit zur Eremitage von Bayreuth, einer der schönsten Gartenanlagen Deutschlands. Nicht erst die Romantik liebte Grotten und Ruinen, sie gehörten auch zum Inventar barocker Gartenkunst. Markgraf Georg Wilhelm ließ im Wald an der Biegung des Roten Mains 1715 diese „Einsiedelei" bauen, eine seltsame Mischung aus Prunk und einfachem Leben. In den Mönchszellen im Schloss und in kleinen Häuschen im Wald spielte die Hofgesellschaft das Leben eines Eremitenordens nach.

20 Jahre später drückte Markgräfin Wilhelmine, die Lieblingsschwester Friedrichs des Großen, der Eremitage ihr Siegel auf. Weitere Grotten kamen hinzu, ebenso ein Ruinen-Theater für Freilicht-Aufführungen und eine Drachenhöhle. Ein neues Schloss entstand mit der märchenhaften Orangerie, einem Sonnentempel und Wasserspielen. Die Eremitage gilt in der Kunstgeschichte als das Musterbeispiel eines „sentimentalen Landschaftsgartens". Architektur und Natur verbinden sich hier zu einem Gesamt-

kunstwerk. Jedes Detail ist aber auch mit Symbolik aufgeladen und verkörpert die vier Elemente Feuer, Wasser, Erde und Luft.

Leben wie Gott in Franken

Ganz anders präsentiert sich das fränkische Barock im nur 30 Kilometer entfernten Gößweinstein. Schon von weitem sichtbar erhebt sich in diesem kleinen Ort in der Fränkischen Schweiz die mächtige Basilika zu Ehren der Heiligsten Dreifaltigkeit. Balthasar Neumann, der Schöpfer der Würzburger Residenz, hat sie zwischen 1730 und 1739 gebaut. Die Wallfahrtskirche war nach Münsterschwarzach (1821 abgerissen) der zweite sakrale Monumentalbau des größten fränkischen Barock-Baumeisters. In vielem wird hier schon das Spätwerk Neumanns vorweggenommen – Vierzehnheiligen.

Umso strahlender funkeln all diese fürstlichen Edelsteine, weil sie in eine kleinräumige Landschaft und in die Zeugnisse bürgerlichen Wohlbehagens eingebettet sind. Unsere Frankenreise wollen wir deshalb an einigen Orten der Gastlichkeit ausklingen lassen, die wir gern mit nach Hause nehmen würden.

Den Gasthof Schwarzer Bock mit seiner Barockfassade und seiner gutbürgerlichen Küche hätten wir gerne als Speiselokal. Hier würden wir uns sonntags gebratenes Karpfenfilet mit Kräuterkruste, Senfcreme und Kartoffelsalat bestellen und wären sehr glücklich. Der Brauereigasthof Haag steht leider in Oberdachstetten zwischen Ansbach und Bad Windsheim. Wäre er aber vor unserer Haustür, könnten wir jeden Abend in der urgemütlichen Stube beim süffigen Haag-Bier ausklingen lassen. Zwischendrin lassen wir das Rinder-Carpaccio auf der Zunge zergehen, das die Wirtin besser als jeder Sternekoch hinkriegt.

Verzeihung, Alexander Herrmann! Ihre kreative Gourmetküche im Posthotel von Wirsberg möchten wir natürlich auch gerne öfter genießen – vielleicht eine Steinpilz-Lasagne als Vorspeise und eine Ente in Brotkruste danach. Was fehlt noch zum Glück? Ein Weingut wie das von Matthias Hirn! In Untereisenheim am Main steht sein „Weinparadies“ im Stil des Phantastischen Realismus: ein wenig verrückt, ziemlich „angesagt“ und mit himmlischen Tropfen.

Wunschträume? Nun gut, dann werden wir bald wieder kommen, um zu leben wie Gott in Franken.

Vierzehnheiligen

Vierzehnheiligen bei Lichtenfels ist Frankens berühmteste Wallfahrtskirche. Name und Kirche gehen auf ein Wunder im 15. Jahrhundert zurück. Einem Schäfer erschienen das Christkind und die 14 Nothelfer. Der Barockbau mit der mächtigen Doppelturmfassade aus gelbem Sandstein ist das Spätwerk Balthasar Neumanns.

Die Kuppelkonstruktion war so kühn, dass man Eisenarmierungen verwenden musste, Vorläufer des heutigen Stahlbetons. Wo es statisch möglich war, verzichtete der Meister auf gerade Linien. Wie kaum ein anderer verwendete er auch Lichtführung als architektonisches Element. Die Weihe der Kirche 1772 erlebte Neumann nicht mehr. Er starb 1753.

Schwarzer Bock 3
Pfarrstraße 31
91522 Ansbach
Tel.: 0981–421240
www.schwarzerbock.com

Gutbürgerlicher Gasthof in der Altstadt von Ansbach. Fränkische Spezialitäten wie Aischgründer Karpfen.

Gasthof Haag 4
Hauptstraße 18
91617 Oberdachstetten
Tel.: 09845–206

Typischer Brauereigasthof auf dem Land. Zum süffigen Bier fränkische Spezialitäten, deren Zutaten aus der eigenen Landwirtschaft kommen.

Herrmann's Romantik Posthotel 5
Marktplatz 11
95339 Wirsberg
Tel.: 09227–2080
www.herrmanns-posthotel.de

Gourmetküche von Alexander Herrmann, der die fränkischen Wurzeln nie verleugnet.

Milchzickleinkeule mit Fränkischen Klößen

4 Personen

Milchzickleinkeule:

- 1 kg Milchzickleinkeule
- Salz
- Schwarzpfeffer aus der Mühle
- Rapsöl
- 1 kl. Zweig frischer Rosmarin
- 250 g Zwiebeln, grob gewürfelt
- 80 g Karotten, grob gewürfelt
- 50 g Sellerie, grob gewürfelt
- 1 Zehe Knoblauch, zerdrückt
- 50 g Mehl
- 1,5 l Wasser oder Geflügelbrühe
- 250 ml Rahm/Sahne
- 1/2 Lorbeerblatt
- 10 Pfefferkörner

Fränkische Klöße:

- 800 g rohe Kartoffeln, gerieben
- 400 g gekochte Kartoffeln
- Salz
- 1 Päckchen Kloßweiß
- 1 altes Brötchen
- Butterschmalz
- Kartoffelstärke
- Petersilie, gehackt

Milchzickleinkeule:
Die Keule salzen und pfeffern. Rapsöl in einem Bräter erhitzen und die Zickleinkeule rundherum anbraten. Aus dem Bräter nehmen und das Gemüse mit dem Knoblauch glasig angehen lassen. Mit Mehl bestäuben, kurz anschwitzen und mit Brühe/Wasser und der Sahne aufgießen.

Das Ganze kurz aufkochen lassen und die Keule in den Fond legen. Den Deckel schließen und bei 125 Grad ca. 2 Stunden im Ofen garen.

Fränkische Klöße:
Die geriebenen rohen Kartoffeln im Kartoffelsäckchen auspressen. Gekochte Kartoffeln durch eine Kartoffelpresse drücken, in den rohen Kloßteig geben und mit etwas Salz und Kloßweiß verkneten. Abgesetzte Kartoffelstärke von den rohen Kartoffeln dazugeben und vermengen.

Brötchen in kleine Würfel schneiden und in Butterschmalz rösten. Handgroße Kugeln formen, eine Mulde eindrücken, die gerösteten Würfel hineindrücken und nochmals formen. Wasser zum Kochen bringen und die Klöße ca. 20 Minuten darin sieden.

Anrichten:
Fleisch vom Knochen lösen, in Scheiben auf den Tellern anrichten und mit dem durchgeseihten Fond überziehen. Dazu je nach Größe 1–2 fränkische Klöße reichen .
Dazu passt ein frischer Salat.

Rezept:
Goldene Krone in Selbitz

Rezeptverzeichnis

Über die Autoren

Werner Teufl

Connaisseur und Filmautor, Jahrgang 1936, geboren in Kopenhagen, aufgewachsen in München und am Starnberger See. Lernte feine Hotellerie und Gastronomie im In- und Ausland und leitete 20 Jahre den Einkauf eines großen Handelsunternehmens. Ausdruck seiner großen Leidenschaft für Ess- und Trinkkultur: Weltweite Gourmetreisen, kulinarische Seminare im gesamten deutschsprachigen Raum, zahlreiche filmische Dokumentationen für das Bayerische Fernsehen.

Otto Walser

Jahrgang 1946, wollte eigentlich Kapitän werden und neue Horizonte entdecken. Er wurde dann aber Journalist und heuerte bei der Süddeutschen Zeitung an. Zwei Jahrzehnte lang arbeitete er dort als Ressortleiter. Getrieben vom Reiz des Neuen kam er als Texter zum Fernsehen. Hier gefällt ihm die Verbindung von Küche, Kunst und Kultur. In seinen schöpferischen Pausen kraxelt er am liebsten auf Berge und genießt die Natur.

Bildnachweis

Foodfotos: Hans Gerlach, food und text, München: S. 18, S. 30, S. 42, S. 54, S. 66, S. 78, S. 90, S. 102, S. 114
Styling: Susanna Bingemer
Foodstyling: Alexander Kühn

Karten: PhotoKart Klaus Becker, Gernlinden: S. 12, S. 24, S. 36, S. 50, S. 60, S. 72, S. 85, S. 96, S. 108

© Informationszentrum Naturpark Altmühltal, Eichstätt: S. 70, S. 71, S. 73, S. 75, S. 76, S. 77

© Werner Teufl, Berg: S. 8, S. 9, S. 11, S. 12, S. 13, S. 15, S. 16, S. 17, S. 20 *Fränkische Landschaft*, S. 21, S. 22, S. 23, S. 24, S. 25, S. 29, S. 32 *Blick auf Kronach und die Festung Rosenberg*, S. 33, S. 34, S. 36, S. 37, S. 40, S. 41, S. 44 *Fichtelgebirge*, S. 56 *Residenz Ansbach*, S. 57, S. 58, S. 59, S. 61, S. 64, S. 65, S. 93, S. 95, S. 99, S. 106, S. 108, S. 109

© Tourismuszentrale Fränkische Schweiz, Ebermannstadt: S. 68 *Schulmühle*, S. 80 *Ziegelmühle im Trubachtal bei Wolfsberg*, S. 82, S. 83, S. 86, S. 87, S. 88, S. 89 S. 92 *Bier zapfen*, S. 94, S. 100, S. 101, S. 104 *Schloss Seehof in Memmelsdorf bei Bamberg*, S. 112

© Tourist Information Fichtelgebirge, Fichtelberg: S. 45, S. 46, S. 47, S. 52

© Stadt Selb, Wirtschaftsförderung und Tourismus: S. 51

Landgasthäuser

Feste, Bräuche, Gaumenfreuden

FEIERTAGE NEU ERLEBEN

Doch was feiern wir eigentlich an den einzelnen Feiertagen? Welche Bräuche sind in Bayern und Österreich üblich, welche Speisen typisch?

Erfahren Sie, wie Fronleichnam entstand, wie aus Christi Himmelfahrt der Vatertag hervorging und was die Weihnachtszeit zur Geisterzeit macht. In romantischen Landgasthäusern nehmen Legenden Gestalt an – wie sonst kommt wohl ein Pfefferschiff in die Alpen?

Damit Sie zu Hause kulinarisch mitfeiern können, präsentieren wir Ihnen köstliche Original-Rezepte aus den Küchen der Landgasthäuser. Wer lieber vor Ort die Stimmung auskosten möchte, findet in jedem Kapitel die richtigen Tipps: Veranstaltungskalender, Adressen und Übersichtskarten. So lassen sich Festtage interessant und aktiv gestalten.

Werner Teufl, Otto Walser
Landgasthäuser
Feste, Bräuche, Gaumenfreuden
Feiertage neu erleben
136 S., Farbabb. Hardcover
ISBN 3-8058-37003, € 16,95